法學啟蒙叢書

民法系列 ——

物權基本原則

■ 陳月端 著

General Principles in Rights in Rem

Civil Law

三民書局

國家圖書館出版品預行編目資料

物權基本原則 / 陳月端著.——初版一刷.——臺北市:
三民, 2011
面; 公分.——(法學啟蒙叢書)

ISBN 978-957-14-5513-6 （平裝）
1. 物權法

584.2   100011601

© 　物權基本原則

著 作 人	陳月端
責任編輯	陳亞旋
美術設計	石佩仟
發 行 人	劉振強
著作財產權人	三民書局股份有限公司
發 行 所	三民書局股份有限公司
	地址　臺北市復興北路386號
	電話　(02)25006600
	郵撥帳號　0009998-5
門 市 部	(復北店) 臺北市復興北路386號
	(重南店) 臺北市重慶南路一段61號
出版日期	初版一刷　2011年7月
編　　號	S 586030

行政院新聞局登記證局版臺業字第〇二〇〇號

有著作權‧不准侵害

ISBN　978-957-14-5513-6　（平裝）

http://www.sanmin.com.tw　三民網路書店

序

　　本書的出版，一再延宕。除了物權歷經民國 96 年、98 年及 99 年三次修訂，造成本書一再修改外，個人至美國加州大學聖地牙哥分校訪問進修返臺再移居高雄，也造成時間上的緊縮。無論如何，最感謝的還是三民書局編輯部的包容，這本書才得以持續進行並付梓。另外，學棣林維信律師，對本書的貢獻，功不可沒。最後，感謝外子式鴻對個人學術上的支持使個人得以全力投入教學研究及寫作，永銘於心。小子士哲及小女士蒨稚真的陪伴，激勵個人在法學道路上，勇往直前，永不懈怠。謹以此書，獻給我親愛的家人。

陳月端　謹識

2011 年 7 月序於高雄

物權基本原則

第一章

導　論

一、前　言

　　物權法，係規範「物權」的法律。物權，即權利主體對權利客體，得為支配、利用、處分的法律權益。人民的私有財產保障，體現於物權法的規範，保障越周延，則私有財產化越徹底；反之，如公益色彩強烈的立法例，則社會主義程度越高，私有財產在某些方面將被犧牲，而呈現出公有化的情形。

　　我國憲法第 15 條規定：「人民之生存權、工作權及財產權，應予保障。」第 23 條復規定：「以上各條列舉之自由權利，除為防止妨礙他人自由、避免緊急危難、維持社會秩序，或增進公共利益所必要者外，不得以法律限制之。」可見我國原則上對於人民的私有財產係予以保障，但倘若涉及公益時，如維持社會秩序或增進公共利益所必要時，得例外限制人民的財產權。

　　因此，憲法的規定體現在我國物權法，即民法物權編（第 757 條至第 966 條），如所有權部分規定：「所有人，於法令限制之範圍內，得自由使用、收益、處分其所有物，並排除他人之干涉。」（民法第 765 條），即得透過法令對於人民所有權予以限制。除此之外，人民得自由使用收益處分其所有的物。

二、物權法的形成

　　近代物權法的形成，主要受到「羅馬法系」及「日耳曼法系」的影響，先簡要介紹此二法系：

㈠羅馬法系

　　以商業貿易的經濟型態為該法系形成的背景，強調物的「所有」，重視物權的「個人性」，採一物一權、採權利本位的立法方式，認為所有權是絕對的，注重物的「交換」面向，在以工商貿易發展為主的國家採行。

㈡日耳曼法系

以農業的經濟型態為該法系形成的背景，強調物的「利用」，重視物權的「社會性」，承認集合物、集合財產等之支配關係，採社會本位的立法方式，認為所有權是相對的，注重物的「利用」面向，在以農業發展為主的國家採行。

三、物權法的演進

近代的物權法，經由「君權法律思想」演進至「民權法律思想」，而甫進入「民權法律思想」時，係先以「個人本位」為主的法律精神，嗣再演變成「社會本位」為主的法律精神。

其中，「君權法律思想」係工業革命以前、君權至上的時代下的產物，其物權法的中心思想係以「利用」為中心，重視物之利用價值；而後發展為「民權法律思想」的「個人本位思想」時，係工業革命後、18 至 19 世紀左右，受個人主義、資本主義的影響，其物權法的中心思想則以「所有」為中心，重視物之交換價值。

另民權法律思想的「社會本位思想」，則是 20 世紀以後，受到社會主義影響的法律思想，其物權法雖亦以「利用」為中心思想、重視物的利用價值。然而此與「君權法律思想」不同之處，在於社會本位思想係以人民為主、本於社會主義立場，強調公益、社會利益最大化之物之利用；此「社會」是由特定或不特定多數的人民所組成，而此「公益」則是指特定或不特定多數的人民的共同利益，與君權至上時代下的法律思想產物，具本質上之不同。

四、我國物權法的特色

我國物權法即民法物權編第 757 條至第 966 條（又稱形式意義的物權法），係民國 18 年 11 月 30 日由國民政府制定公布，並於隔年 5 月 5 日施行。民國 18 年（西元 1929 年），即 20 世紀初期，正值清帝退位未滿

20 年，甫於民國 17 年完成北伐、結束內戰，社會尚未安定、商業並未發達而仍處於以農業為主的經濟型態，因此當時西方國家雖已盛行資本主義、個人主義多年，我國物權法仍未貿然採行完全的資本、個人主義的物權法立法例，而兼採有社會主義色彩的物權立法。

嗣政府到臺後，物權法自民國 18 年公布、19 年 5 月 5 日施行以來，迄今已逾八十餘年，其間社會結構、經濟型態及人民生活觀念，均有重大變遷，原本立基於農業生活型態的民法物權編規定，已難以因應今日多變的生活態樣，則當初以中國大陸為範圍、農業經濟為基礎而制定的物權法，自然已不合時宜。

而「法律現代化」為法務部近年來施政主軸之一，物權法既是規範財貨歸屬秩序的法律，在國家經濟發展居樞紐地位，自應配合社會結構、經濟型態及人民生活觀念，適時檢討修正。除陸續公布物權特別法，如公寓大廈管理條例、動產擔保交易法等，並先後於民國 96 年、98 年及 99 年大修物權法，陸續將區分所有權明文化，並增列諸如區分地上權、承認空間地上權、使最高限額抵押權明文化、刪除永佃權及增訂農育權等，另就有關用益物權（地上權、永佃權、地役權及典權）及占有部分通盤修正，使我國物權法趨於現代化。

五、我國物權法的修法大要

我國物權法自民國 18 年公布起，歷經 70 餘年皆未有重大修法。而直至民國 90 年起，才陸續於 96 年、98 年及 99 年分別大幅修正物權法。其中，考量最高限額抵押權在民間行之有年，非但銀行、私人間借貸所設定的抵押權多設最高限額，且土地登記實務亦承認最高限額的抵押權登記，最高法院亦有諸多判例肯認最高限額抵押權的存在。因此，為求周延及符合實際之需求，民國 96 年 3 月 28 日我國物權法首度大幅度修法，即將最高限額抵押權予以明文，增訂民法第 881 條之 1 至第 881 條之 17，併同時適度修正其他抵押權、動產質權與權利質權、留置權，使物權法的擔保物權更加完善。

另外，隨著工商發展、高樓林立，「一物一權」幾乎不可能貫行，一層（或一戶）一所有權的區分所有權，確有其存在必要，但民國18年制定公布的物權法，因時空背景不同，顯不足以符合現今社會的需求。民國84年公寓大廈管理條例公布施行後，區分所有權雖已有法令明文，但該條例原係為行政機關基於管理的目的所制定，其規範重點在住戶的權利義務、管理組織及管理服務人等，與民法重在建築物各住戶所有權的物權關係有異；又以區分所有建築物的一部為客體的區分所有權乃所有權的特殊型態，民法應設有原則性規範，以建立所有權制度的完整體系，因此遂於民國98年1月23日修訂民法第799條，使數人區分一建築物而各專有一部分的區分所有權，明文化於我國物權法。

此外，同次修法並增修關於共有的相關條文，尤其修訂民法第824條關於共有物的分割方法，取代舊法過於簡單的分割條文，以兼顧社會經濟公益與共有人的個人利益。該次修法，併同時修正所有權章的通則，明定物上請求權的適用範圍及健全時效取得制度，及諸如不動產相鄰關係、通行權規定、越界建築、動產遺失物拾得制度的完善等，使物權法的所有權制度更加完善，以落實私有財產制度的個人財產保障。

嗣後，由於農育權的增訂（民國99年2月3日修法增訂），可見我國物權法從以「用益」為主的物權法思想，已帶入「保育」的概念，將農業發展與環境保育並重的精神，落實於物權法的明文，從而體現我國憲法第146條：「國家應運用科學技術，以興修水利，增進地力，改善農業環境，規劃土地利用，開發農業資源，促成農業之工業化。」及憲法增修條文第10條第2項：「經濟及科學技術發展，應與環境及生態保護兼籌並顧。」之具體化，彰顯我國憲法發展農業及兼顧環境生態保護的基本國策。

該次併同修正地上權章，明文規範區分地上權、空間地上權等因科技發展而有存在必要的特殊地上權，例如臺北或高雄捷運以高架或地底通過，則捷運公司得以取得空中地上權或地底地上權的方式，而免用土地徵收方式，藉以降低興建公共建設成本、加速公共建設的推行；又刪

除幾無人登記的永佃權，並將地役權客體從土地擴及於其他不動產，並更名為「不動產役權」，及部分修正典權章及占有章，其中包括共同占有人中的一人，即得行使占有物自力救濟或返還請求權，使我國物權法更現代化、更貼近臺灣人民實際的生活需要。

六、物權法修法前後的變動

我國物權法即民法第三編物權編，係民法第 757 條至第 966 條，民國 18 年制定公布時共計 10 章，分別為：第一章「通則」（民法第 757 條至第 764 條）、第二章「所有權」（民法第 765 條至第 831 條）、第三章「地上權」（民法第 832 條至第 841 條）、第四章「永佃權」（民法第 842 條至第 850 條）、第五章「地役權」（民法第 851 條至第 859 條）、第六章「抵押權」（民法第 860 條至第 883 條）、第七章「質權」（民法第 884 條至第 910 條）、第八章「典權」（民法第 911 條至第 927 條）、第九章「留置權」（民法第 928 條至第 939 條）及第十章「占有」（民法第 940 條至第 966 條）。

歷經三次即民國 96、98 及 99 年的重大修法後，每章皆有或大或小的增修刪改，其中，刪除第四章、增訂第四章之一、第五章更名，故修正後的現行物權法仍為 10 章，分別是：第一章「通則」（民法第 757 條至第 764 條）、第二章「所有權」（民法第 765 條至第 831 條）、第三章「地上權」（民法第 832 條至第 841 條之 6，增訂「區分地上權」乙節）、第四章「刪除」、第四章之一「農育權」（民法第 850 條之 1 至第 850 條之 9）、第五章「不動產役權」（民法第 851 條至第 859 條之 5）、第六章「抵押權」（民法第 860 條至第 883 條，增訂「最高限額抵押權」乙節，並將民法第 882 條及第 883 條劃為第三節「其他抵押權」）、第七章「質權」（民法第 884 條至第 910 條）、第八章「典權」（民法第 911 條至第 927 條）、第九章「留置權」（民法第 928 條至第 939 條）及第十章「占有」（民法第 940 條至第 966 條）。

七、物權法與物權通則

在立法技術上，是由「抽象」到「具體」，則民法物權編將得適用於一切物權的抽象原則，規定於物權編第一章「通則」。「通則」係規定物權的共通原則。「通則」章的第一條，即民法第 757 條，宣示物權法定原則，並依序分別規定不動產物權的取得、設定、喪失及變更的方法（民法第 758 條至第 759 條之 1），與動產物權的讓與方法（民法第 761 條），及物權因混同（民法第 762 條、第 763 條）或拋棄（民法第 764 條）而消滅。

物權編第一章「通則」，雖看似僅數條條文，實則貫穿整編物權。其中，民法第 757 條的物權法定原則，無論不動產物權或動產物權皆有其適用；換言之，物權編自第二章起至第九章，皆係法律所明定的物權，其法律要件、內容及效果均以法律明定，甚至第十章占有，即使非屬法定物權，但既是法律所承認的利益，仍以法律明定而予以適度之保障。

而關於不動產物權的取得、設定、喪失及變更的方法，非經登記、不生效力，並應以書面為之的規定（即民法第 758 條），係適用於所有的不動產物權，除不動產所有權之外（民法第 773 條至第 800 條之 1），尚包括用益物權（如地上權、農育權、不動產役權等）及擔保物權（如抵押權、典權等）；同樣地，動產物權之讓與（民法第 761 條），亦適用於所有動產物權，除動產所有權外（民法第 801 條至第 816 條），亦另包括質權及留置權。

至於物權因混同或拋棄而消滅，則不分不動產或動產，凡物權編所定的物權，皆有其適用。亦即，物權編各章的物權固有各自消滅的事由，諸如所有權因添附而消滅（民法第 811 條至第 815 條）、法定地上權因滅失而消滅（民法第 838 條之 1 第 2 項）、不動產役權因需役不動產滅失或不堪使用或特定法律關係消滅而消滅（民法第 859 條第 2 項、第 859 條之 3 第 2 項）、抵押權因抵押物消滅而消滅（民法第 881 條第 1 項本文）、動產質權因質物返還出質人或交付債務人或因喪失占有於二年內未請求

返還或因質物滅失而消滅（民法第 897 條、第 898 條、第 899 條第 1 項本文）、典權因典物遭不可抗力滅失而消滅（民法第 920 條第 1 項）、留置權因債務人或留置物所有人提出相當擔保而消滅（民法第 937 條第 1 項）等，然亦皆因混同或拋棄而消滅（民法第 762 條至第 764 條）。

基此，「物權通則」形式上雖僅為民法物權編第一章、第 757 條至第 764 條的寥寥數條文，實則包羅萬象、範圍涵蓋整編的物權，甚至與民法總則編第三章「物」（民法第 66 條至第 70 條）產生連結、使「物權通則」不僅僅是形式上的民法物權編第一章「通則」，而是整部民法物權共通性的原理原則。在進入民法物權編之前，先行熟悉物權通則，實有助於物權整體輪廓體系的形成。

此外，立法院在民國 98 年 1 月 12 日三讀通過民法物權編部分修正條文。其中，通則章的修正包括第 757 條至第 759 條及第 764 條。8 個條文中即有 6 個條文增修，變動比例可謂不小。本次修正主軸在於「物盡其用」及「保障交易安全」，修正重點表現在本通則章，包括緩和物權法定主義及確定不動產登記的效力。

(一)緩和物權法定主義

以物權法定主義的緩和而言，在於納入習慣法，將習慣列入物權法定主義的範疇，使具備慣行事實及法之確信的習慣，也能成為物權取得的法源。依據修正民法第 757 條規定：「物權除依法律或習慣外，不得創設。」，即在於避免物權法定主義過於僵化，妨礙社會的發展。依習慣法成立的物權，最典型的例子，係「最高限額抵押權」及「讓與擔保」（又稱「最高限額抵押權」或「信託的擔保讓與」）。

「最高限額抵押權」係指債務人或第三人提供其不動產為擔保，就債權人對債務人一定範圍內的不特定債權，在最高限額內設定的抵押權（民法第 881 條之 1 第 1 項），在民國 96 年 3 月修正時業已列入民法的規定。「讓與擔保」則是指為了擔保債權的實現，將債務人或者第三人的財產轉讓債權人，債務履行後，債權人應當將該財產返還債務人或者第

三人；而債務人不履行債務時，債權人有權就該財產優先受償。如甲向乙借貸 100 萬元，並將甲的 A 屋移轉所有權予乙，作為債權擔保。乙在不超過擔保目的範圍內，取得 A 屋所有權，在甲對乙清償債務後，乙應將 A 屋返還予甲；在甲無力清償債務時，乙可就 A 屋受償。「讓與擔保」雖未列在民法的規定，但仍是民法第 757 條「習慣」所承認的物權。

㈡確定不動產登記的效力

以確定不動產登記的效力而言，可區分為不動產登記的推定力及公信力。先討論不動產物權登記的推定力，依據民法第 759 條之 1 第 1 項規定：「不動產物權經登記者，推定登記權利人適法有此權利。」，所稱登記的推定力，係指不動產物權經登記時，推定登記的物權內容與真實的物權，具有相同的效力，亦即對於第三人而言，登記表彰了實體法上的權利關係。因依土地法第 43 條的規定，不動產依土地法所為的登記，具有絕對效力。縱使登記具有無效或得撤銷等情事，在未經依法塗銷或更正前，仍以登記名義人為請求權主體。如甲乙通謀虛偽意思表示，將甲所有的 A 地移轉所有權登記於乙，丙則擅自在 A 地上種植果樹，依據民法第 766 條的規定，果實（天然孳息）在分離後，原則上仍屬於 A 地的所有人，亦即為乙所有。

至於不動產物權登記的公信力，由於我國民法對於不動產的公示原則採取登記制（民法第 758 條第 1 項），對於信賴公示原則者，應受一定的保護，此即不動產物權登記的公信力。該效力表現於民法第 759 條之 1 第 2 項，以保護信賴不動產登記的第三人。例如，甲乙通謀虛偽意思表示，將甲所有的 A 地移轉所有權登記於乙，乙因急需，又將 A 地出賣並移轉所有權登記於不知情的丙，對於乙而言，雖係將 A 地無權處分❶予丙，依據民法第 118 條第 1 項規定，乙、丙間就 A 地之物權行為效力未

---

❶ 此處甲乙間之買賣契約、A 地之移轉登記，均因甲乙通謀虛偽之意思表示而無效（民法第 87 條），甲仍為 A 地之所有權人，乙非 A 地之所有權人，僅為 A 地之登記名義人，卻將 A 地移轉登記予丙，自屬無權處分。

定（因買賣契約係債權行為，不以乙對 A 地具處分權為必要，僅乙丙雙方就 A 地及其價金達成合意，買賣契約即為有效），但因民法第 759 條之 1 第 2 項的特別規定，丙仍可善意取得 A 地的所有權。

最後，民法物權編通則章並擴大不動產登記前已取得的物權範圍，增列概括規定「其他非因法律行為」，如因法律規定民法第 923 條第 2 項「出典人於典期屆滿後，經過二年，不以原典價回贖者，典權人即取得典物所有權。」或事實行為之自己出資興建建築物等，均有民法第 759 條的適用，在登記前即已取得不動產物權，應經登記，才可處分該物權。

是以，本書在介紹民法物權編通則章時，將完整呈現其內容外，並透過實例加以解說。其中，民國 96 年、98 年及 99 年三次的修正，舉凡與通則章有關者，均是本書強調的重點。此外，本書更將重點延伸至通則章的運用部分，以期讀者能將通則章的概括性規定，具體運用於其他各章具體的規定。此外，本書亦不忘基本概念的闡述、學說的介紹及實務的見解，以期讀者能既見樹又見林，透過實例，在基本觀念建立之後，又可悠遊於條文、學說及實務的法學世界中。

第二章

物權總論

▍第一節▍物

例題 2-1： 物之內涵

何為「物」？甲欲出賣一棟房屋（Ａ屋）及其座落之土地（Ｂ地）予乙，屋裡包含裝潢、冷氣等物品，Ａ屋外、Ｂ地上有一蘋果樹（Ｃ樹），樹上結了果實Ｄ果、Ｅ果和Ｆ果，乙應如何取得上述物之權利？

☟ 本例題涉及「物」之相關基本概念之釐清。

一、物之意義

只要是人身體以外之物，且為人可以支配並可排除他人支配，復可獨立滿足人類社會生活之需要者，無論是有體物或無體物，包括土地、房屋、水、電等，均屬法律上之物。是尚未與人分離之身體器官，不得作為物；天上的日、月、星辰，由於無法為人所支配，亦不得作為物。換言之，物的範圍與種類，將因人類科技發展之進步而會有所改變。質言之，「物」的範圍與種類，並非亙古不變，而係隨人類科技發展之進步而逐漸擴大。

二、物之種類

㈠不動產

依民法第66條第1項規定：「稱不動產者，謂土地及其定著物。」故不動產又可分為土地、定著物：

1.土　地

即地球之表面，包括土地之上、下。以人類當下科技所能支配之範

圍為其範圍。

　　2.定著物

　　非土地之構成部分，繼續附著於土地上而達一定經濟上目的，不易移動其所在之物（司法院釋字第 93 號參照），例如建築物、違章建築物、樹木；則臨時敷設之輕便軌道、帳篷等具易移動之性質、非固定於土地上，即非屬定著物。

㈡動　　產

　　依民法第 67 條規定：「稱動產者，為前條所稱不動產以外之物。」是以，非土地及其定著物者，即為動產，故凡日常所能見的如木頭、牛、馬等均為動產。也就是說，動產種類萬千，無法逐一列舉，因而僅能在立法技術上，以「排除法」將「物」之中「非不動產」者，定為動產，以符其性質。

㈢特殊類型

　　物之態樣可分為動產及不動產，然型態上均為獨立一個體。惟事實上，因科技進步，有許多動產或不動產均為由數個物相互結合，而成為一個物，故而在此又可有「合成物」及「集合物」之分：

　　1.合成物

　　指數個物，為失其獨立性而結合成一體，例如冰箱、電視、汽車、電腦主機等。

　　2.集合物

　　指基於一定經濟目的，由多數單一物或合成物集合而成之物，例如一群羊、一包米、一個工廠等。

三、物之成分

　　所謂物之成分，指構成物之各部分。就成分而言，以成分與物本體或與其他成分相分離後，各該已分離之成分是否得以同一方式再為使用

而組成另一個物為判斷，可區分為重要成分及非重要成分。

前者，指物之各部分相互結合後，非經毀損或變更其性質或價值，不能分離或分離需費過鉅時，即屬物之重要成分，例如：將油漆噴在機車之外殼，其與機車結合後，顯然非經毀損無法將油漆從機車上取出，又縱然得取出，該油漆亦無法再為使用。故油漆噴到機車上之後，油漆成為機車的重要成分。

後者，指物之各部分相互結合後，自物分離並不會變更物之性質或毀損物之價值，且分離所費不鉅者，即屬物之非重要成分。例如取下汽車之雨刷，仍可將該雨刷安裝在其他車輛上。因此，雨刷裝到汽車上後，雨刷成為汽車的非重要成分。

而區分重要成分及非重要成分之主要實益，在於物與他物結合後，是否仍具有單獨之權利客體之地位，若成為一物之重要成分即無單獨之權利客體，且其所有權歸屬亦會發生變動（喪失成分之所有權或與該他物之所有權人成為共有），誠如民法第 811 條規定：「動產因附合而為不動產之重要成分者，不動產所有人，取得動產所有權。」第 812 條第 1 項規定：「動產與他人之動產附合，非毀損不能分離，或分離需費過鉅者，各動產所有人，按其動產附合時之價值，共有合成物。」即例如本例題所示，A 屋之屋內裝潢，其裝潢材料之所有權，將因附合於房屋（建築物）而成為 A 屋之重要成分，當然由 A 屋所有權人取得該裝潢材料之所有權，而該裝潢材料喪失其獨立之所有權，而成為 A 屋所有權範圍之一部。

而倘若非為物之重要成分，例如上述汽車之雨刷，將雨刷拆卸後，並不會造成汽車不能啟動（僅影響汽車在雨中行駛之安全），且亦得另外安裝其他的雨刷；而取下之雨刷，亦可安裝在其他汽車上，故雨刷非屬物之重要成分，是雨刷即使已安裝於汽車上，仍可單獨成為權利之客體。又如本例題所示 A 屋內之冷氣，雖裝於 A 屋內，但冷氣與 A 屋分離並不會造成冷氣無法使用，且拆下冷氣之費用也不會過鉅，因此冷氣安裝到 A 屋中，並不會當然由 A 屋所有權人取得冷氣之所有權。

另外，依民法第 66 條第 2 項規定：「不動產之出產物，尚未分離者，

為該不動產之部分。」就本例題中，C 樹附著於 B 土地上，B 地在移轉予乙之前，其所有權人為甲，C 樹因未與土地分離，應屬土地之一部分，故屬土地所有權人即甲所有；而 C 樹上之 D、E、F 果實，亦因尚未與 B 地分離，故其所有權亦為土地所有權人即甲所有。因此，甲僅需將 B 地所有權移轉予乙，乙於取得 B 地所有權之後，當然取得 C 樹及 C 樹上之 D、E、F 果實之所有權。

四、物之孳息

所謂孳息，指原物所生之利益，又可分為天然孳息及法定孳息。而天然孳息，是指樹木之果實或是動物之產物，例如，果樹所結的果實或母牛所生的小牛，及其他依物之通常用法或自然使用之下而可收穫之出產物（民法第 69 條第 1 項）；而法定孳息，則是指利息、租金及其他因法律關係所得之收益（民法第 69 條第 2 項）。

又孳息為原物所生之利益，則孳息之歸屬為何人所有？係為原物之所有人取得孳息？或另有他人取得孳息之所有權？依民法第 766 條規定：「物之成分及其天然孳息，於分離後，除法律另有規定外，仍屬於其物之所有人。」是孳息之享有者，為原物之所有權人，而對於孳息之種植或栽培者，依前揭規定，須法律另有規定之情形（例如民法第 70 條），始取得孳息分離後之所有權。至於法定孳息的歸屬，則依其法律關係而定，例如存戶向銀行存款而可得之利息，是存戶與銀行間之消費寄託契約法律關係所得之收益（即利息），則存戶為法定孳息之權利歸屬者。

第二節 物 權

例題 2-2-1：物權 vs. 債權

試說明物權與債權之區別。

> 本例題旨在區別物權與債權，初習物權之讀者，一定要仔細辨別二者之不同。

一、物權之意義

物權，係權利主體（如自然人或法人），在法令限制之內，對特定之物所具有支配並排除他人干涉、妨害之權利；亦即，特定之物經由物權而歸屬於一定權利主體，而該主體本於物權之法律關係而取得物權人（如所有權人）之法律地位。是權利主體對物具有一定之支配性，可在法令限制內，將物為自由使用、收益或處分，及排除任何非經權利主體同意而對該物為侵入或干涉之行為。相對於債權，債權人僅得基於債之關係，對債之相對人有請求給付之權，是因債權人原則上不得對相對人以外之第三人為請求給付，故債權又稱為「相對權」；而因物權得向侵害其物權之任何人為主張，此即物權之「對世效」，故物權又稱為「對世權」。

由臺灣高等法院暨所屬法院 67 年度法律座談會民事類第 7 號之內容即可見「物權」之特性：「問題：甲將其所有 A 建地一筆出賣與乙，訂立買賣契約書後，即將該地交付乙使用，惟未辦理所有權移轉登記。旋甲復將該地出賣與丙，並辦畢所有權移轉登記，丙可否認乙為無權占有，本於所有權人地位，訴請乙交還 A 建地？」，而該座談會研討結果認為：「所有權為對世權，對於任何人皆有效力，物之所有人就所有物同意他人使用後，將所有權讓與該他人以外之第三人，除法律另有特別規定外（如民法第 425 條），該他人不得對抗嗣後取得所有權之受讓人，乙既未

取得所有權而占用 A 建地，自屬無權占有，丙基於所有權人地位，自可訴請乙交還土地。」亦即，縱使乙對甲有債權，但因對丙沒有債權，故乙不能對丙有所主張；反之，丙取得物權後，即可對於第三人即乙主張其權利，即可見物權之「對世效」，與債權「相對權」之差異性。

二、物權之特性

㈠直接支配性

　　物權人得依自己的意思，不受他人意思或行為之干涉，在法令限制的範圍內，得對其所有之物為使用、管理或處分，以實現其對該物之支配，即是所有權人本於物權而得享有之直接支配特性。

㈡享受物之利益之權利

　　所謂對物享有利益之權利，指對物之管理、利用及交換。

1. 對物之管理

　　亦即對物為使用、改良、保存及事實上處分之行為。而使用行為，指不變更物之性質，依物之經濟目的加以操作或利用，例如使用電腦、駕駛汽車等行為；所謂改良行為，指為增加物之價值所為之行為，例如將電腦升級為更高階的配備、將汽車改裝一些科技設備等行為即屬之；而保存行為，指為維護物之現狀所為之行為，例如清潔電腦內部的灰塵、將汽車打蠟、換機油等行為；至於所謂事實上之處分行為，則指對物之外型所為之改造、變造或毀壞之行為，例如將電腦摔壞、將汽車報廢等行為即屬之。

2. 對物之利用

　　即對物之收益，包括將物提供他人利用，以收取對價之行為，例如設定地上權與他人而獲取地租，或租借房屋與土地與他人而收取租金，或將電腦供他人使用而收取使用費等行為；或又如收取果樹之果實、為母牛接生小牛等亦屬之。

3.對物之交換

即對物之法律上權益為變動之行為，又稱法律上之處分行為。例如將房屋出賣與他人，以獲取房屋出售之對價；此亦包括以物提供擔保之行為，以獲取信用或融資，例如將不動產設定抵押權、或是將動產設定質權之行為等，均屬之。

㈢保護絕對性

為確保物權人對物得享受物之利益及支配，在法令限制內，未經物權人之同意，任何人均不得侵害其對物之支配領域，是法律對物權人遭此侵害設有保護規定，例如若遭他人侵奪或無權占有，得行使請求他人返還或除去侵害之物上請求權，或對該他人亦得基於侵權行為而為損害賠償之請求，抑或可對該他人以未得物權人同意而使用或占有該物而受利益時，得對該他人行使不當得利返還請求權等諸多規定，以保護物權之絕對性。

三、物權與債權之區別

物權的特性如上所述，即著重於所有權人得本於物權而對其所有物為直接支配、排除他人干涉之權利；而債權並無法對特定物有直接支配的權利。債權僅屬「請求權」，亦即僅得本於債之關係（如買賣、租賃或借貸等），請求特定的人（即債務人）依債之關係的內容，為特定的作為或不作為；請求後如該特定人不為一定之作為或不作為，債權人僅得請求損害賠償或加計利息或解除契約，而無法使物權之法律狀態，發生直接改變的法律效果。

例題 2-2-2: 一物一權 vs. 區分地上權

試闡述「一物一權主義」之意義。而區分地上權、空間地上權，有無違反一物一權主義？

本例題涉及一物一權主義之原則及其例外。

一、物權之客體

　　物權之客體係指物權權利人基於物權法律關係，所對應的物之本體。而物權之主要目的係支配「物」，以確保因所有該物而得享受物之利益。為使物權之法律關係明確，並便於公示以保護交易安全，故對於物權之客體採行「物權標的物特定主義」及「一物一權主義」。

二、物權標的物特定主義

　　物權標的物，指基於物權法律關係而對應之物，例如某甲有 A 屋所有權，其所有權之標的物即係 A 屋；物權標的物為「物」及「其他財產權利」二種類型。標的物為「物」者，指物權所對應之物，係動產、不動產等具物理上之存在即是，無論該「物」是固體、液體、氣體等型態，只要人類的當下科技得對其為支配、利用者，皆屬之。

　　標的物為「權利」者，係指以「其他財產權利」為內容之物權，包括漁業權、礦業權、狩獵權，或將地上權設定抵押之抵押權等，於此稱之為「準物權」，亦即，其標的物雖非「物」，然此等以「其他財產權利」為內容之權利，具與物權相類似之性質，而可準用物權之規定，例如民法第 882 條規定：「地上權、農育權及典權，均得為抵押權之標的物。」（民國 99 年 2 月 3 日修正通過，並於同年 8 月 3 日施行）、民法第 901 條規定：「權利質權，除本節有規定外，準用關於動產質權之規定。」均屬之。換言之，物權不以物理上存在之動產或不動產內容為限，「權利」亦得為物權之內容。

　　由於物權係對物或權利為直接之支配，故物權的客體必須為具體特定之物或權利，倘若僅有種類及數量之物，因無法特定，故充其量僅得作為債權之標的，而無法成為物權之客體。例如向店家購買十斤米，在店家尚未將十斤米與其他種類相同之米分裝而區別出來時，該十斤米即無法特定，則該十斤米既尚未能作為物權之客體，自無從為移轉、變動該十斤米之物權。

三、一物一權主義

一物一權主義，係指一物上只能成立一個所有權，物之一部分不能單獨成立一個物權，而物權之計算以一物為單位，且物之成分不得成為物之客體，數個物亦不能成立一物權，其目的為使物權之支配得以確定，以便公示而維護交易安全。

惟現今大廈高樓林立，如每棟大廈僅能有一個所有權，則非但不切實際，且易生交易之困難，故就大廈區分其建築物之各專有部分得單獨為一個所有權，謂為「區分所有權」。區分所有權適度地調整物理上之「一物一權」之原則，可使一物理上之單一建築物（高樓）同時存在多個各自獨立之所有權，而成為一物一權主義例外情形之一。關於一物一權主義之例外，詳參下述。

四、一物一權主義之例外

因社會變遷、人口增加，及科學技術之發達，對於土地之利用，從以往以土地平面分割之區分方式，而趨向以立體分割方式為區分，例如從建築物之單一所有權，發展出立體空間上亦有所有權存在之情形，或如上述之區分所有權之情形；或在土地利用上，亦形成空中、地下各層之物權得分別存在之情形，例如高架鐵路、地下街等。

而民法於民國 98 年 1 月 23 日之物權編修正，修正民法第 799 條、增訂第 799 條之 1 規定，明文承認建築物「立體空間」之區分所有權之存在；而民國 99 年 2 月 3 日新修正通過之民法第 832 條規定：「稱普通地上權者，謂以在他人土地之上下有建築物或其他工作物為目的而使用其土地之權。」（民國 99 年 2 月 3 日修正通過，並於同年 8 月 3 日施行），更是明文承認立體空間之地上權（有論者稱為「空間地上權」）。顯見我國民法在不動產方面，不僅是所有權不再侷限於土地平面而擴及承認「立體空間」之區分所有權，進而在不動產利用方面，亦擴大承認就土地一定上、下空間範圍之利用，不再僅限於土地平面，而是包括地面上或地

面下之特定「立體空間」，皆得為地上權之客體。

由上可知，區分所有權，係物理上單一之建築物（高樓大廈或公寓），於內部各層、同層內各間，因構造上、使用上具獨立性，得區分為各個所有權，各自得作為物權交易之客體；而區分地上權，則係指就同一土地之上下，得依利用目的之不同，於土地平面上、平面上之空間及土地平面下之空間，分別區分為各個地上權。區分所有權及區分地上權，因標的物內容具體特定明確，與「物權標的物特定主義」相符，而為因應社會變遷、科技發展與人類文明之需要，適度調整「一物一權主義」，允許得在一個物理上單一之物上，於水平面或垂直面上，成立數個各自獨立之物權，係一物一權主義之例外。

而區分所有權所顯示的一物一權主義之例外，亦是彰顯因人類科技之進步，使「物」的範圍與意涵隨之擴大。因此，物權與物，與人類科技的發展息息相關，吾人習物權法，亦不能將人類現今科技發展置之事外，而宜適當地補充新知，以符合社會的脈動與科技的發展。

例題 2-2-3： 物權 vs. 習慣法

得否依習慣法創設物權之種類及內容？

本例題旨在說明物權法定原則與習慣法之關係，及物權的種類。

一、物權法定原則

由於物權具有對標的物之直接支配權利，且具有在法令限制內任何人均不得加以侵害或干涉之絕對性，倘若當事人可如同契約般地自由約定物權之內容，將使物權流於一法律名詞而已。因此法律限定物權種類而建立物權體系，其目的在確保物權特性之存在。

又物權對物具有支配性，係在限定第三人之交易自由範圍，對第三人影響之重要性不可言喻，故有將物權予以公示，以確保交易安全之必要；而維護交易安全，可促使社會大眾踴躍於進行物之交易，以達「互

通有無」而促進社會之進步與發展，故物權公示之要求，尤為重要。物權之範圍、作用與效果，以及物權之得、喪、變更之方式，均以法律明定，以達物權公示之要求，進而維護交易安全，足見物權確實有採行法定原則之必要。

二、物權得否依習慣創設？

修正前民法第 757 條規定：「物權，除本法或其他法律有規定外，不得創設。」此所謂法律，依上開物權法定主義之本旨，係指「成文法」，亦即係立法院通過、總統公布之法、律、條例、通則（中央法規標準法第 2 條、第 4 條參照），並不包括「習慣」在內。故倘若依地方之習慣，房屋出租人於出賣房屋時，房屋承租人得優先承買者，該租賃契約之當事人間縱有以該習慣為契約內容之意思，固可發生債之效力，然仍不能創設具有物權效力之先買權（最高法院 30 年上字第 2040 號判例參照，惟本則判例嗣於民國 99 年 2 月 23 日經最高法院 99 年度第 1 次民事庭會議決議，與修正民法第 757 條得依習慣創設物權之規定不符，故不再援用），顯見物權於修正前，僅能依據「法律」規定而存在與適用，無法因「習慣」或「當事人間之設定」而創設，應係明確。

惟民間上，因長久慣行所形成而存在之「最高限額抵押權」、「擔保物權」等物權設定，雖未符合物權法定原則之要求，然因人與人間長期以來之慣行，復有公示方法且無害於交易安全，司法實務上藉由裁判而承認上述物權的存在，顯見物權之新種類或新內容，倘未違反物權之直接支配與保護絕對性，且能以公示方法確保交易安全者，即可認為與物權法定原則存在之宗旨無違（最高法院 86 年度臺再字第 97 號判決參照），而可例外地予以承認。

因此，為避免堅守物權法定原則可能造成過於僵化，致有妨礙社會發展之虞，應認於新物權秩序之法律未及補充時，應許「習慣」得予以填補，故習慣所形成之新物權，若能明確其權利範圍且未違背物權直接支配等物權特性，並能依一定方法予以公示而保護交易安全者，雖無法

律之明文，仍應承認其物權效力而予以法律保障，以促進社會經濟發展，並維護法秩序之安定及確保交易安全。

是以民國 98 年 1 月 23 日修正之民法第 757 條即規定：「物權除依法律或習慣外，不得創設。」又本條所稱「習慣」，係指習慣法而言，而非單純之習慣。習慣法之要件有二：㈠係指具備慣行之事實；㈡法之確信。亦即具有法律上效力之習慣法而言。習慣法之成立，須以多年慣行之事實及普通一般人之確信心為其基礎（最高法院 17 年度上字第 613 號判例參照），在實務判斷上，並非任意之習慣即可達到創設物權之效果，必需符合上開要件、普通一般人已具備確信心時，始屬修正之民法第 757 條之「習慣」。

三、違反民法第 757 條之效果

由於民法第 757 條屬強行規定，當法律無規定且亦無此習慣時，依民法第 71 條規定，其創設物權之行為係無效；倘若法律有規定或有此習慣時，從其規定而非無效，如民國 99 年 2 月 3 日修正前之舊民法第 842 條第 2 項規定：「永佃權之設定，定有期限者，視為租賃，適用關於租賃之規定。」（永佃權章已於民國 99 年 2 月 3 日修正、同年 8 月 3 日施行之物權編中刪除）、民法第 912 條規定：「典權約定期限不得逾三十年，逾三十年者縮短為三十年。」等即屬之。例如，創設期限為五十年之典權，該典權並非無效，而係期限僅有三十年。

四、物權之種類

我國民法原先規定之物權，包括所有權、地上權、永佃權、地役權、典權、抵押權、質權和留置權（「占有」非法律上權利，僅係法律所保障之「事實狀態」，故不列入）等八種，民國 99 年 2 月 3 日修正，同年 8 月 3 日施行之新修正民法，刪除永佃權章，並增加農育權，及修正地役權為不動產役權，亦仍係八種，即所有權、地上權、農育權、不動產役權、典權、抵押權、質權和留置權。惟因判斷之標準不同，而有不同之分類，

以下僅就常見之分類加以說明：

(一)完全物權與定限物權

就物權對標的物之支配範圍加以區分，可分為完全物權及定限物權。所謂完全物權，指對物具有全面支配利益，亦即對於物之使用價值及交換價值有全面支配之權，即指所有權；而所謂定限物權，則是在一定範圍內對物為支配之物權，或是對所有權加以限制之物權，除所有權外之物權，包括地上權、農育權、典權、不動產役權、抵押權、質權、留置權等皆屬之。

(二)用益物權與擔保物權

在定限物權之類別下，依其所支配之經濟目的之不同，可分為用益物權及擔保物權。用益物權為支配物之利用價值為其內容之物權，即就標的物為使用、收益以達其利用標的物之目的，如地上權、農育權、典權、不動產役權；而擔保物權為支配物之交換價值為其內容之物權，主要係以標的物為供債權之擔保，於債權未獲清償時，可經由變價程序而使債權受償以支配標的物之交換價值，例如抵押權、質權、留置權均屬之。

用益物權與擔保物權之區別實益，在於用益物權對於已設定之利用部分，無法重複設定，而擔保物權可以重複設定（如民法第865條）；另外，用益物權設定後，得再設定擔保物權，而擔保物權設定後，雖亦得設定用益物權，但若後設定之用益物權影響先設定之擔保物權時，例如因為有用益物權存在致影響標的物之交換價值，則可除去該用益物權，以保障先設定之擔保物權。如民法第866條第1項規定，不動產所有人設定抵押權後，在同一不動產上，可設定地上權或其他以使用收益為目的之物權，但其抵押權不因此而受影響；同條第2項復規定，抵押權人實行抵押權而受有影響時，法院可除去該用益物權後拍賣之。

(三)動產物權、不動產物權與權利物權

以標的物種類為區分標準，存於不動產上之物權，稱為不動產物權，例如不動產所有權、地上權、農育權、典權、不動產役權、抵押權；存在於動產上之物權，則為動產物權，有動產所有權、質權、留置權；另存在於權利上者，稱之為權利物權，有權利質權及權利抵押權。

而其三者之區分實益，主要在於物權之變動方式有所不同。不動產物權以登記為其公示方式，故不動產物權之變動係變更登記，登記完成即完成不動產物權之變動（民法第 758 條第 1 項）；而動產物權既以占有為其公示方式，故動產物權之變動係交付（即變更占有），交付完成而使之占有則完成動產物權之變動（民法第 761 條）。至於權利物權，則視權利質權或權利抵押權，準用動產物權或不動產物權之變動方式。

▌第三節▌ 物權之效力

例題 2-3-1： 物權之共通效力

> 試說明物權之一般效力為何？各項效力之內涵如何？甲將其 A
> 地先後分別設定抵押權、地上權於乙、丙後，復將 A 地讓與丁，
> 嗣後 A 地為戊竊占，試依物權之一般效力說明乙、丙、丁、戊
> 間之法律關係。

☙ 本例題旨在說明物權之共通效力。

一、物權之共通效力

物權之種類如前所述，其內涵及效力固有差異，惟各物權間仍存有共通之效力，僅因物權之種類不同而其共通效力有強弱之別而已。茲說明物權之共通效力如下：

㈠排他性

同一個標的物上，不能有二以上同一內容或同一性質之物權同時存在，故已存在之物權具有排斥互不相容之物權再行成立之效力，即為物權排他性。例如，同一標的物上，無法存在兩個以上之所有權，乃因所有權是物權中排他性最強者；又如同一標的物，亦基於物權排他性，無法同時存在以占有為內容而不相容之用益物權，如在同一土地上同一期間同時設立兩個地上權。

而擔保物權雖可同時存在數個物權於同一標的物，其排他性最弱，但已成立之擔保物權，仍可就同一受償次序而排除其他次序成立之擔保物權之受償性，例如民法第865條規定，不動產所有人，因擔保數債權，可在同一不動產上，設定數個抵押權，僅其受償之次序，依登記之先後加以決定而已，先登記之抵押權即有先受償之權。

㈡優先性

同一標的物上，有二以上不同內容或性質之物權存在時，成立在先之物權有優先於後成立物權之效力，此即物權之優先性。而物權優先效力，依物權成立先後之次序為準，亦即，當後成立之物權有害於先成立之物權時，後物權會因先物權之實行而被排斥或消滅。

例如抵押權設定後又設定地上權，則抵押權於實行時，若地上權之存在有害於抵押權時，如無人應買致流標，則抵押權人可請求將該地上權除去再行拍賣，此觀民法第866條規定：「不動產所有人設定抵押權後，於同一不動產上，得設定地上權或其他以使用收益為目的之物權，或成立租賃關係。但其抵押權不因此而受影響（第1項）。前項情形，抵押權人實行抵押權受有影響者，法院得除去該權利或終止該租賃關係後拍賣之（第2項）。不動產所有人設定抵押權後，於同一不動產上，成立第一項以外之權利者，準用前項之規定（第3項）。」即明。

惟物權優先性有其例外，即定限物權優先於所有權。蓋定限物權乃限制所有權，是定限物權雖成立於所有權之後，其效力仍優先於所有權，例如所有權人於自己之土地設定地上權與他人，則地上權人使用該土地

之效力自先於該所有權人；另外，又有費用性物權（例如承攬人之抵押權）優先於融資性擔保物權（例如擔保借款之抵押權）的情況，由於擔保因保存或改良標的物所生債權為目的之擔保物權，其債權係增加標的物之價值，自有特別保障之需要，故此費用性擔保物權雖成立在融資性擔保物權之後，仍具優先性，優先於成立在前之融資性擔保物權。

此外，基於公益與政策考量，為健全拍賣制度，保障拍賣應買人（即拍定人）權益，經法院強制執行之拍賣程序，原存於該標的物之抵押權或其他優先權，因拍賣而消滅（強制執行法第 98 條參照）。

(三)追及性

物權之標的物不論輾轉讓與他人多少次，對標的物有物權之人，均得對該標的物行使其物權權利之效力，為物權追及性。例如不動產所有人設定抵押與他人，嗣將該不動產讓與第三人，抵押權人之權利不因此而消滅，仍得就對該不動產行使抵押權，亦即民法第 867 條規定：「不動產所有人設定抵押權後，得將不動產讓與他人。但其抵押權不因此而受影響。」即明此理。

(四)物上請求權

物權人於其物被侵害或有被侵害之虞時，得請求回復物權圓滿狀態或防止侵害之權利，即是物上請求權。而此權利之行使，又因物權態樣及受侵害方式之不同而有不同之請求權利，即民法第 767 條第 1 項前段：「所有人對於無權占有或侵奪其所有物者，得請求返還之。」、民法第 767 條第 1 項中段：「對於妨害其所有權者，得請求除去之。」、民法第 767 條第 1 項後段：「有妨害其所有權之虞者，得請求防止之。」分別為所有物返還請求權、所有物妨害除去請求權、所有物妨害防止請求權之規定；另同條第 2 項規定：「前項規定，於所有權以外之物權，準用之。」亦即所有權以外的其他物權遭受他人不法侵害之時，亦得視其受侵害方式之不同，而分別行使上開三種物上請求權以排除侵害。

　　而法律為保護合法物權人之占有標的物之事實，另於民法第 962 條規定：「占有人，其占有被侵奪者，得請求返還其占有物；占有被妨害者，得請求除去其妨害；占有有被妨害之虞者，得請求防止其妨害。」（物上請求權將於本章第四節再加詳細說明）亦屬另一類型之物上請求權。

二、本題題示乙、丙、丁、戊之關係

(一) 甲雖將 A 地讓與丁，但乙之抵押權及丙之地上權，不因甲將 A 地讓與丁而受有影響；乙之抵押權及丙之地上權，仍繼續存在於 A 地，丁不得請求除去或對乙、丙為反對表示，此乃物權追及效力之彰顯。

(二) 由於 A 地遭戊竊占，使乙之抵押權、丙之地上權及丁之所有權皆受有影響，故均得向戊主張物上請求權而請求戊返還或除去占有。其中，對丙、丁而言，係立即侵害其利用或使用收益 A 地之權利，故皆得向戊請求返還 A 地；對乙而言，係使 A 地變價性受影響而侵害其抵押權，故得於實行抵押權時得除去戊對 A 地之占有（實務上係於影響 A 地拍定價格時，由執行法院解除占有人對物之占有）。

(三) 由於丙之地上權成立於乙之抵押權後，倘若乙於實行抵押權時，因丙之地上權存在而確實造成妨害致無法拍定，乙得聲請法院將丙之地上權除去，以無地上權之狀態，而再拍賣 A 地，此為物權優先效力之故。惟根據實務目前作法，必需「拍賣一次而未拍定」（俗稱流標）時，抵押權人即乙，始得聲請法院除去丙之地上權，不得未經流標而逕除去丙之地上權。

例題 2-3-2: 費用性擔保物權 vs. 融資性擔保物權

　　甲有房屋一幢，原已為乙設定抵押權，作為向乙借款之擔保，其後因該屋年久破舊，交由丙包工包料修繕，約定酬金若干，迄未支付。嗣因向乙借款到期未償，經乙聲請法院拍賣該屋，問丙之修繕報酬請求權，與乙之借款債權，孰先受償？

※ 本例題旨在說明費用性擔保物權與融資性擔保物權之差異。

一、費用性擔保物權優先於融資性擔保物權

　　所謂費用性擔保物權，指擔保因保存或改良標的物而生之債權為目的之擔保物權，例如民法第 513 條承攬人之抵押權登記請求權或抵押權預為登記請求權及第 928 條之留置權等。而融資性擔保物權，則指擔保因融資而生之債權為目的之擔保物權，例如普通抵押權及質權等。

　　至於二者之優先受償順序，學說上及實務上一直均有分歧，有認應以成立時間先後而定其受償順序，如最高法院 63 年度第 1 次民事庭庭長會議決定㈡：「同一不動產上設定有抵押權，又有民法第五百十三條所定之法定抵押權存在時，其順位應以各抵押權成立生效之先後為次序。」（本則嗣於民國 95 年 5 月 16 日經最高法院 95 年度第 8 次民事庭會議決議，認與民法第 513 條立法意旨不符，故不再供參考）。亦有「意定抵押權優先說」，此說以法定抵押權，因未登記，並無公示性，故為保護交易安全，應以意定抵押權為優先為立論基礎，惟非多數說；另有「法定抵押權優先說」，亦即為確保法定抵押權人所受法律保障之權益，且因費用性抵押權乃使抵押物之價值增加或回復，故其權益有優先保護之必要為立論基礎；更有「增加價值限度內優先說」，乃以承攬人於工作物因修繕所增加之價值限度內，優先於成立在先之抵押權而優先受償。

　　我國於民國 88 年 4 月 21 日修正、89 年 5 月 5 日施行之民法債編第 513 條第 4 項之規定：「第一項及第二項就修繕報酬所登記之抵押權，於工作物因修繕所增加之價值限度內，優先於成立在先之抵押權。」係明採「增加價值限度內優先說」，認為費用性擔保物權所擔保之債權，係因修繕而生，故因修繕而增加標的物之價值限度內，費用性擔保物權當應優先於融資性擔保物權而受償，始堪合理。

　　又民國 96 年 3 月 28 日修正施行之民法第 932 條之 1 規定：「留置物存有所有權以外之物權者，該物權人不得以之對抗善意之留置權人。」其立法理由亦認為，留置物是有可能存有所有權以外物權之情形，例如留置物上存有質權等是；而物權本依其成立之先後次序而定其優先效力，

惟留置權人在債權發生前已占有留置物，如其為善意者，應獲更周延之保障，該留置權宜優先於其上之其他物權。更足認我國法制係肯定費用性擔保物權優先於融資性擔保物權而受償，應為明確。

二、本　題

丙為甲修繕房屋，依據民法第 513 條第 1 項之規定，丙得請求登記為抵押權人。又依同條第 4 項之規定可知，就修繕報酬所登記之抵押權，於工作物因修繕所增加之價值限度內，優先於成立在先之抵押權。亦即費用性擔保物權優先於融資性擔保物權而受償。故擔保丙因修繕房屋而得請求報酬之費用性擔保物權，優先於擔保乙因借款而得請求返還借款之融資性擔保物權而受償。

例題 2-3-3：物權優先債權之原則與例外

> 租賃之成立及承租人占有租賃物，係在設定抵押權之後、執行法院查封抵押標的物之前。茲第一次拍賣流標後，執行法院以該租賃權之存在而影響抵押物之拍賣價格，遂除去該租賃權負擔而再為拍賣。由拍定人拍定並嗣經繳足價金而取得所有權後，拍定人請求執行法院解除承租人之占有，將該拍賣標的物點交予拍定人占有使用，有無理由？
> 本例題旨在說明物權優先債權原則及其例外。

一、物權優先債權原則

物權無論係成立於債權之先或之後，均有優先於債權之效力，亦即在一物二賣情形下，先取得標的物所有權之買受人，無論其買賣契約成立在先或在後，均得對抗其他買受人；另外，具定限物權存在之標的物，該定限物權無論成立於債權發生之前或發生之後，定限物權人均得對抗任何買受人，買受人縱令嗣後取得所有權，不得請求交付該標的物，亦

不得請求除去該定限物權。

二、例　外

(一)買賣不破租賃

　　民法第 425 條第 1 項規定：「出租人於租賃物交付後，承租人占有中，縱將其所有權讓與第三人，其租賃契約，對於受讓人仍繼續存在。」、民法第 426 條規定：「出租人就租賃物設定物權，致妨礙承租人之使用收益者，準用第四百二十五條之規定。」亦即所有權之讓與及其他物權之設定，均不得對抗成立在前、並已將標的物交付承租人占有之租賃契約。

　　基此，亦有論者稱租賃權係已「物權化」，亦即，租賃權雖僅屬債權，然在相當程度之下，已得對抗物權而成為「物權優先債權」之例外。當然，租賃權欲對抗物權，必須租賃權先於物權而成立，始得對抗之；租賃權若成立後於物權，則仍不得對抗之。

(二)基於公益或社會政策理由所生之債權

　　依稅捐稽徵法第 6 條第 2 項並規定：「土地增值稅、地價稅、房屋稅之徵收，優先於一切債權及抵押權。」即由法律明文規定，此三種租稅債權優先於物權（抵押權）。換言之，抵押權人實行抵押權而聲請法院拍賣變價時，就賣得的價金，必須次於土地增值稅、地價稅、房屋稅之租稅債權，亦即需待此三種租稅債權全部清償後，抵押權人始能就剩餘部分受償。

(三)預告登記

　　在為不動產物權辦理移轉或使其消滅、或不動產權利內容或次序變更、或附有條件或期限之土地登記請求權，請求權人得經登記名義人同意而向地政機關辦理預告登記，而該登記未塗銷前，土地登記名義人就該不動產所為的處分，對所預告登記之請求權有妨礙者無效（土地法第

79 條之 1 參照)。即得使原僅屬債權之請求人,可對抗土地登記名義人所為之物權處分。

例如,某甲出售 A 屋與某乙,乙為籌措資金即與甲約定一年後交屋,倘未辦理預告登記,則甲若於期間內移轉 A 屋所有權予某丙,則乙僅能向甲請求債務不履行之損害賠償,而不能對該 A 屋所有權之受讓人即丙有任何權利可得主張;但若乙已事先辦理預告登記,則縱使丙取得 A 屋所有權,乙仍可向丙主張取得所有權係妨礙該預告登記所欲保全者,為基於與甲之買賣契約而得為請求之 A 屋所有權移轉登記請求權,則丙取得 A 屋所有權之行為係無效。此時,僅屬債權之 A 屋所有權移轉登記請求權,得優先於丙之所有權,即為物權優先於債權之例外。

三、本 題

根據民法第 866 條第 1、2 項規定:「不動產所有人設定抵押權後,於同一不動產上,得設定地上權或其他以使用收益為目的之物權,或成立租賃關係。但其抵押權不因此而受影響。」、「前項情形,抵押權人實行抵押權受有影響者,法院得除去該權利或終止該租賃關係後拍賣之。」因執行法院就抵押權已進行第一次拍賣而無人應買(流標),即屬該租賃權而使抵押權受影響之情形,則題示之租賃權既然是成立於抵押權設定之後,執行法院自得除去該租賃權而再為拍賣,而不適用物權優先於債權之例外。

則承租人之租賃權既經執行法院除去,自不得對拍定人再主張民法第 425 條之買賣不破租賃,此際租賃權無法對抗拍定人因拍賣而取得之所有權,故拍定人既然已取得該物之所有權,自得請求執行法院解除承租人之占有後點交,執行法院應為准許(強制執行法第 98 條、第 99 條參照)。

▎第四節▎ 物上請求權 ●━━━━━━━━━━━━━

　　物上請求權，依民法第 767 條第 1 項規定，包括所有權人得對於無權占有或侵奪其所有物者，得請求返還之「所有物返還請求權」，及對於妨害其所有權者，得請求除去妨害之「所有物妨害除去請求權」，以及對於有妨害其所有權之虞者，得請求防止妨害之「所有物妨害防止請求權」。此三種請求權，於所有權以外之物權，準用之（同條第 2 項參照）。則以下接連三個例題，分別說明「所有物返還請求權」、「所有物妨害除去請求權」及「所有物妨害防止請求權」。

例題 2-4-1： 所有物返還請求權

㈠甲將房屋出租與乙，租期未滿，甲得否對乙請求返還房屋？

㈡甲將房屋出租與乙，租期未滿，遭第三人丙侵奪，甲得否對丙請求返還房屋？

㈢甲將房屋出租與乙，租期未滿，乙轉租予丁，甲得否對丁請求返還房屋？

㈣甲將房屋出租與乙，乙開店並僱用店員戊，租期已滿，甲得否對戊請求返還房屋？

　本例題旨在說明所有物返還請求權之範圍及其效力。

一、所有物返還請求權之意義

　　所有人對於無權占有或侵奪其所有物者，得請求其返還之權利（第 767 條第 1 項前段）。

二、所有物返還請求權之要件

㈠請求權之主體

須為所有權人，例如：單獨所有人、分別共有人或公同共有人等皆屬之，或依法得行使所有權之人，例如：破產管理人、遺產管理人等，始得行使該權利。

(二)相對人

須為「現在占有該物之人」。所謂現在占有該物之人（簡稱現占有人），包括直接對於標的物有事實上管領力之人（即直接占有人）及基於一定之法律關係，對於事實上占有其物有返還請求權之人（即間接占有人，如出質人、出租人及寄託人），始得行使物上返還請求權。而占有輔助人，如受僱人、學徒等，因僅屬「單純受他人之指示」而對物有事實上管領力之人，故非屬現在占有該物之人。

此觀最高法院 29 年上字第 1061 號判例：「請求返還所有物之訴，應以現在占有該物之人為被告，如非現在占有該物之人，縱令所有人之占有係因其人之行為而喪失，所有人亦僅於此項行為具備侵權行為之要件時，得向其人請求賠償損害，要不得本於物上請求權，對之請求返還所有物。」即可知物上返還請求權之請求對象，以現占有人為限。

(三)相對人之占有須為無權或侵奪

占有為「無權」或「侵奪」者，皆屬對物不具合法之占有權源。而所謂「無權」，顧名思義為無占有之正當權源，而仍占有其物；「侵奪」，則指係違反所有人之意思，而取得其物之占有。倘若相對人對物有合法之占有本權，例如基於物權、債權等原因而占有，即非「無權」而不得對之主張物上返還請求權。

而所謂「合法之占有本權」之情形，有基於物權而占有，例如地上權、農育權、典權之設定，而占有他人之不動產或動產；亦有基於債權而占有，例如基於租賃權、使用借貸等有效成立之債之關係，而占有他人物之情形，惟此債之關係（如租賃契約）僅具有相對性，不得對債之關係以外之人為主張。

　　另外，因債之關係而發生「占有之連鎖」，即因合法之債之關係而自所有權人取得有權占有之人，亦基於其合法之占有本權，將其占有再移轉於第三人（即現占有人），則第三人得因「占有之連鎖」而對所有權人主張有權占有。就所謂占有連鎖之要件，並必須中間人對所有權人所基於之法律關係，係合法有效之占有權源，而中間人與第三人亦基於一定之法律關係而取得占有，則中間人將標的物移轉占有予第三人時，即形成占有之連鎖，所有權人即不得向該第三人主張物上返還請求權。

㈣無權占有須具有不法性

　　也就是說，無權占有人無阻卻違法事由（例如：依法律規定之不動產相鄰關係、正當防衛、緊急避難、自助行為等）之存在，即具有不法性。換言之，相對人若受所有權人為所有物返還請求權之請求時，得證明具有阻卻違法事由，而免負返還該物之責任。

三、所有物返還請求權之效力

　　所有權人得向無權占有之直接占有人請求返還占有物；所有權人亦得向無權占有之間接占有人請求讓與返還請求權。例如，盜竊者竊取某物後，將該物出借不知情之第三人，則原所有權人得直接向第三人請求返還該物，或亦得向盜竊者請求讓與其對第三人之借用物返還請求權（民法第470條）。

四、本　題

㈠ 甲將房屋出租與乙，則租期未滿時，乙就占有該房屋即係基於租賃關係而具有占有本權，故甲雖為房屋所有權人，惟乙可對甲主張因合法租賃權存在而為有權占有，甲自不得在租期未滿（或未被合法終止）前，對乙行使物上請求權而請求返還房屋。

㈡ 甲將房屋出租與乙，租期未滿，遭第三人丙侵奪，因丙占有該屋係未得甲之同意而為占有，故丙屬於「侵奪所有物」，甲自得對丙請求返

還房屋，不因房屋已出租而有異。

㈢ 甲將房屋出租與乙，租期未滿而乙轉租予丁時，雖甲為房屋所有權人，惟乙可對甲主張因合法租賃權存在而為有權占有，而丁亦得對乙主張因合法租賃權存在而為有權占有，此時即發生所謂「占有之連鎖」之情形，故甲不得依物上請求權請求丁返還房屋。此際，倘乙轉租予丁之行為，未合民法或契約而有違法轉租之情形，亦僅甲得否中止對乙之租約，甲仍不得未終止對乙之租約而逕向丁主張物上請求權。

㈣ 甲將房屋出租與乙，乙開店並僱用店員戊而使用該屋，租期已滿之後，乙占有該屋之權源因租期屆滿而終止，乙已係無權占有，然因戊係為乙而占有該屋之占有輔助人而非現占有人，故甲雖為房屋所有權人，仍不得向戊主張物上返還請求權而請求返還房屋，應向乙為主張該權利。

例題 2-4-2：所有物妨害除去請求權

甲所有土地一塊，遭乙傾倒廢土，甲得對乙主張何種物上請求權？

※ 本例題旨在說明所有物妨害除去請求權之意義及效力。

一、所有物妨害除去請求權之意義

所有權人為保護其所有權之圓滿狀態，對於其所有物被占有以外之方法妨害時，得請求除去其妨害之權利（第 767 條第 1 項中段）。

二、所有物妨害除去請求權之要件

㈠ 請求權之主體，同所有物返還請求權，即須為所有權人或依法得行使所有權之人，始得行使該權利。

㈡ 請求權之對象，即相對人，僅需以占有方式以外之行為，對所有權為妨害之行為人均屬之。

㈢ 對於所有權妨害之方式，大致有對於物實體為之侵害、無權使用他人之物、妨害他人所有權之行使、否認他人之所有權或是土地登記錯誤、遺漏或不實等情事。

㈣ 妨害必須具有不法性，亦即無阻卻違法事由之存在（同所有物返還請求權）。

三、所有物妨害除去請求權之效力

請求權人得請求除去其妨害，亦即相對人必須負有將所有物回復於妨害行為發生前狀態之義務。

四、本　題

甲為土地所有權人，而該土地遭乙傾倒廢土，顯係以占有土地以外之方法，妨害甲對其土地為利用，又乙無任何阻卻不法之事由，是甲得基於所有物妨害除去請求權，請求乙除去其所傾倒之廢土，亦即乙負有回復其傾倒廢土前之土地狀態之義務。

例題 2-4-3：所有物妨害防止請求權

A 之房屋年久失修，有傾倒之危險，鄰居 B 可否以該屋若傾倒則可能對其有妨害，而請求 A 修理以防止其屋之傾倒？

本例題旨在說明所有物妨害防止請求權之意義及效力。

一、所有物妨害防止請求權之意義

所有權人對於妨害其所有權之虞者，得請求其防止妨害之權利（第767 條第 1 項後段）。

二、所有物妨害防止請求權之要件

㈠ 請求權之主體，同所有物返還請求權，即須為所有權人或依法得行使

所有權之人，始得行使該權利。

㈡ 請求權之對象即相對人，並無任何限制，僅需相對人之行為（包括作為或不作為）有可能對請求人之所有物發生妨害，均屬之。

㈢ 對於有妨害之虞之方式，並無任何限制，僅需基於社會一般通常之經驗，依現存之客觀狀態，足認有可能妨害所有物時，即屬之。

㈣ 而該有妨害之虞，須具有不法性，亦即無阻卻違法事由之存在（同所有物返還請求權）。

三、所有物妨害防止請求權之效力

請求權人得請求防止該妨害之發生，亦即相對人必須負有將停止、避免或改變該客觀狀態，以使該妨害所有權情事不發生之義務。

四、本　題

A 之房屋有傾倒之危險，是否已經造成鄰居 B 之財產有遭妨害之虞之情形，應就具體情況分別認定，必需依社會一般通常之經驗，就 A 之房屋現存之客觀狀態，判斷是否有可能妨害到鄰居 B 之所有物，而此判斷並不得以曾一度發生為憑，尚必須有被妨害之虞之狀態持續存在，鄰居 B 始得對 A 行使所有物妨害防止請求權，請求 A 除去其屋傾倒之危險。

例題 2-4-4：定限物權之物上請求權

甲提供其所有六十坪之土地一筆，設定地上權予乙建築房屋，權利範圍為全部。然乙實際建築使用部分僅有五十五坪，不足五坪土地，係在乙之地上權設定前，即遭丙無權占有而使用中。

試問：乙就丙占有該五坪土地，是否有權利可以主張？

本例題涉及定限物權（地上權）之物上請求權之說明。

一、定限物權之物上請求權

我國民法於民國 98 年 1 月 23 日修正前，定限物權是否得適用民法第 767 條之規定，實務與學界各自皆有不同之說法，而修正前民法僅於第 858 條（民國 99 年 2 月 3 日修正後之民法已刪除本條）規定，地役權人準用民法第 767 條，更是造成定限物權是否適用民法第 767 條之困擾。

其中，最高法院 52 年臺上字第 904 號判例：「物上請求權，除法律另有規定外，以所有人或占有人始得行使之，此觀民法第七百六十七條及第九百六十二條之規定自明。地上權人既無準用第七百六十七條規定之明文，則其行使物上請求權，自以設定地上權之土地已移轉地上權人占有為前提。」即是實務上否認定限物權有民法第 767 條之適用。

惟民國 98 年 1 月 23 日修正公布之民法第 767 條第 2 項規定：「前項規定，於所有權以外之物權，準用之。」顯係改採肯定說，即認定限物權亦得有物上返還請求權之適用。故上開最高法院 52 年臺上字第 904 號之判例，於民國 99 年 2 月 23 日經最高法院 99 年度第 1 次民事庭會議決議不再援用，對此長久以來爭議之問題，總算已有解決。

惟定限物權包括地上權、農育權、不動產役權、典權、抵押權、質權、留置權等，其各物權之性質均不同，除不動產役權（即修正前之地役權）於修正前民法第 858 條已明文準用，又該條因增訂民法第 767 條第 2 項而予刪除，故較無適用上疑問外，其餘定限物權是否皆準用民法第 767 條第 1 項各段之規定，顯然還是有疑問。

(一)地上權、農育權及典權的準用情形

以地上權人、農育權人及典權人來說，均以占有並利用標的物為必要，而屬標的物之占有人，故對於第三人無權占有或不當侵奪標的物、或第三人有妨害其權利行使或有妨害之虞時，自均得請求返還或除去或防止，故可完全準用民法第 767 條第 1 項之規定。

㈡抵押權的準用情形

抵押權並不以占有不動產抵押物為要件，是若第三人有不當侵奪標的物時，對抵押權人不會有任何影響，應無準用之情；惟若因第三人之無權占有造成抵押物之交換價值減少、或有減少之虞，即應屬係對抵押權之妨害，抵押權人自得依民法第 767 條第 1 項中段或後段請求除去或防止。

㈢質權、留置權的準用情形

又質權、留置權均係以「占有」為其存續之要件，一旦喪失占有，即會導致權利之喪失，惟民國 96 年間之民法物權編修正第 898 條規定：「質權人喪失其質物之占有，於二年內未請求返還者，其動產質權消滅。」、第 937 條第 2 項規定：「第八百九十七條至第八百九十九條之規定，於留置權準用之。」亦即，質權人或留置權人非因己意而喪失占有時，並非立即喪失質權或留置權，須於二年內仍未請求返還時，其權利始消滅，故質權或留置權，仍應得準用民法第 767 條第 1 項前段之物上返還請求權。

二、本 題

甲既然將土地六十坪之全部，設定地上權予乙建築房屋，故乙為該土地之地上權人，丙卻無權占用乙具地上權之五坪土地，依民法第 767 條第 2 項準用民法第 767 條第 1 項前段規定，乙自得訴請丙返還其所無權占用之五坪土地，不因丙無權占有先於乙取得地上權而有異。

例題 2-4-5： 占有物返還請求權

乙向甲承租錄影機一架，供旅行拍攝風景之用。若乙於旅行時不慎遺失錄影機，嗣為丙拾得，經查訪後，為甲、乙所知悉。請問甲、乙對丙各得行使何種請求權？

☀ 本例題涉及占有人之物上請求權之適用。

　　所謂占有，是指對於物有事實上之管領力（民法第 940 條），而我國法制承認並保護「占有」之事實狀態，即是保護此實際上已對標的物發生管領事實之狀態，避免他人以不法方式侵奪。因此，保護占有人之權能，應與所有權人相同，則所有權人對於所有物所有得主張之權利，占有人應均得主張。故占有人於其占有被侵奪時，得向侵權人請求返還占有物，或占有被妨害時，得向妨害其占有之人請求除去其妨害（即回復原狀），或有被妨害占有之虞時，亦得向有妨害占有之虞之人請求預防其妨害，以完全保護其占有。

一、占有物返還請求權

㈠意　義

　　占有人，其占有被侵奪者，得請求返還其占有物（民法第 962 條前段）。

㈡要　件

　　1.請求權之主體須為占有人

　　占有人無論是直接占有或間接占有，自主占有或他主占有，占有是否有權或無權，是惡意或善意在所不問。惟本條之請求權必須就占有物具有「事實上管領力」，否則即使有占有權源，若已喪失事實上管領力，即不得本於占有而為請求（最高法院 64 年臺上字第 2026 號判例參照）。

　　2.請求權之相對人須為現在占有人

　　亦即占有物被侵奪之人，其侵奪後，必須持續占有，倘若嗣後未繼續占有標的物，即不得對之為請求。而此所謂「侵奪」，指係違反占有人之意思，而取得其物之占有，不以是否施以暴力或強制力為限。

　　3.須占有被侵奪

　　指違反占有人之意思，以不法行為將占有物移入自己的管領下，且無阻卻違法之事由。

㈢效　力

　　占有請求權人向現占有人請求返還占有物，則現占有人即負有交還占有物之義務。

二、占有物妨害除去請求權

㈠意　義

　　占有人，其占有被妨害者，得請求除去其妨害（民法第 962 條中段）。

㈡要　件

　1.請求權之主體須為占有人
　　同占有物返還請求權，以對占有物具有「事實上管領力」為限。
　2.相對人須為妨害占有之人
　　指妨害占有之狀態，係由該相對人所造成，或對已生妨害事實有除去支配力之人。
　3.須占有被妨害且妨害具有不法性
　　而所謂占有之妨害，係指占有人未達民法第 962 條前段喪失占有、而係其占有物受到其他之侵害或影響占有人利用占有物之情形，而妨害人亦無阻卻違法事由。

㈢效　力

　　占有請求權人得向妨害占有之人請求除去妨害。

三、占有物妨害防止請求權

㈠意　義

　　占有人，其占有有被妨害之虞者，得請求防止其妨害（民法第 962 條

後段)。

(二)要　件

1. 請求權之主體須為占有人（同占有物返還請求權）。
2. 相對人須為有妨害占有之虞之人（同所有物妨害除去請求權）。
3. 占有須有被妨害之虞且具不法性：即占有人之占有物，將來有被妨害危險之情（同所有物妨害除去請求權）。

(三)效　力

占有請求權人得向妨害占有之虞之人請求防止，亦即相對人負有將停止、避免或改變該客觀狀態，以使該妨害占有事實不發生之義務。

四、本　題

甲為錄影機之所有權人，錄影機為丙拾得，即為丙現占有中，丙之占有係違反所有人即甲之意思而取得占有，故甲得依民法第 767 條第 1 項前段規定，以所有物遭丙侵奪而請求丙返還錄影機。又甲將錄影機借予乙使用，故甲為錄影機之間接占有人，亦得依民法第 962 條前段，請求丙返還其現占有之錄影機。

乙向甲承租錄影機，故乙為錄影機之現占有人，因遺失由丙拾得，由於丙之占有係違反占有人即乙之意思而取得占有該錄影機，故乙得依民法第 962 條前段，請求丙返還其現占有之錄影機。

例題 2-4-6：物上返還請求權之消滅時效

甲於其所有之 A 地上建築 B 屋，但未辦理保存登記（A 地已登記），乙於民國 68 年 B 屋興建完成後即侵奪使用，甲於民國 99 年始辦妥 B 屋所有權保存登記，並起訴請求乙返還 B 屋，乙則以業因時效而取得 B 屋之所有權及甲之返還請求權已因時效

消滅為抗辯。問乙之抗辯有無理由？

　本例題涉及物上請求權之時效問題。

一、所有人及定限物權人之物上返還請求權之消滅時效

　　由於物上請求權屬請求權之一種，故總則編有關消滅時效之規定亦有適用，是民法第 125 條規定，請求權，因十五年間不行使而消滅，物上請求權原則上亦因十五年未行使而消滅。

　　惟司法院釋字第 107 號解釋：「已登記不動產所有人之回復請求權，無民法第一百二十五條消滅時效規定之適用。」即認民法第 769 條、第 770 條，僅對於占有他人未登記之不動產者，許其得請求登記為所有人，而關於已登記之不動產，則未為相同之規定，足見已登記之不動產，不適用關於取得時效之規定，為適應此項規定，其回復請求權，亦應無民法第 125 條消滅時效之適用。

　　且民法第 758 條規定：「不動產物權，依法律行為而取得、設定、喪失及變更者，非經登記不生效力」，及土地法第 43 條規定：「依本法所為之登記，有絕對效力」。若許已登記之不動產所有人回復請求權，得罹於時效而消滅，將使登記制度，失其效用。況已登記之不動產所有權人，既列名於登記簿上，必須依法負擔稅捐，而其占有人又不能依取得時效取得所有權，倘所有權人復得因消滅時效喪失回復請求權，將永久負擔義務卻未能享有權利，顯失情法之平。

　　嗣同院釋字第 164 號解釋：「已登記不動產所有人之除去妨害請求權，不在本院釋字第一○七號解釋範圍之內，但依其性質，亦無民法第一百二十五條消滅時效規定之適用。」亦認已登記不動產所有人之除去妨害請求權，有如對於登記具有無效原因之登記名義人所發生之塗銷登記請求權，若適用民法消滅時效之規定，則因十五年不行使，致罹於時效而消滅，難免發生權利上名實不符之現象，真正所有人將無法確實支配其所有物，自難貫徹首開規定之意旨。故已登記不動產所有人之除去妨

害請求權，雖不在第 107 號解釋之範圍內，但依其性質，亦無民法第 125 條消滅時效規定之適用。

至於是否為「未登記」之不動產，則係指該不動產尚未依土地法辦理保存登記（所有權第一次登記），就現行登記實務而言，臺灣地區幾無未登記之土地，而仍有部分建築物係未經辦理第一次登記（即保存登記）。基此，依上開第 107 號解釋及第 164 號解釋之反面推論，應足認係「動產」及「未登記之不動產」之物上請求權，始有消滅時效之適用。

二、占有人之物上返還請求權之消滅時效

民法第 963 條規定：「前條請求權，自侵奪或妨害占有或危險發生後，一年間不行使而消滅。」亦即民法第 962 條有關占有人之物上返還請求權，法律有特別規定其短期消滅時效，故不適用民法第 125 條之規定。

三、本　題

乙因占有甲未辦理保存登記之 B 屋超過二十餘年，乙即符合民法第 769 條之規定，惟其取得者僅為「登記請求權」，故乙既未向地政機關提出登記之申請，則其抗辯已時效取得 B 屋所有權部分為無理由。又依司法院釋字第 107、164 號解釋之反面推論，可知未登記之不動產所有人之回復請求權，有民法第 125 條時效消滅之適用，則甲本於 B 屋所有權而得請求乙返還 B 屋之物上請求權，亦因時效消滅而使乙得抗辯拒絕返還。

惟依民國 83 年 6 月 7 日最高法院 83 年度第 7 次民事庭會議決議㈠❶意旨，乙縱因甲請求返還 B 屋之物上請求權因時效消滅而得拒絕返

❶ 民國 83 年 6 月 7 日最高法院 83 年度第 7 次民事庭會議決議㈠：
　某子為土地及地上未辦理所有權第一次登記之建物所有人，因該建物前經某丑無權占有逾十五年以上，致子對該建物之回復請求權已罹於時效而消滅後，子得否以丑係無權占有其已登記「基地」之法律關係，請求丑自所占有「建物」之「基地」遷出，將「基地」交還？
　甲說：（肯定說）丑原係無權占有基地上之建物，自亦無權占有建物之基地。
　　　　基地所有人即子對該建物之回復請求權縱罹於時效而消滅，然丑亦僅

還 B 屋，惟其占有不因之合法，仍係無權占有，故甲仍得本於 A 地所有權人之地位，請求乙自 B 屋遷出而交還 A 地，乙不得以甲之 B 屋所有物返還請求權已時效消滅，而拒絕交還 A 地。

┃第五節┃ 物權行為之原則

例題 2-5-1： 物權行為之內涵

物權行為得否附條件或期限？得否撤銷？

本例題旨在說明物權行為之意義與特性。

一、物權行為之意義

所謂物權行為，指物權之設定、移轉、變更或消滅等發生物權變動為目的之法律行為。由於我國物權採形式主義之立法、物權行為獨立性原則，物權行為獨立於債權行為之外，為另一獨立存在之法律行為。物權行為是否有效成立，係就其本身是否具備成立及生效要件加以判斷。亦即物權行為亦係法律行為，物權行為須具備一般法律行為之一般成立要件（即當事人、標的、意思表示）及生效要件（當事人具行為能力、標的須可能適法、妥當、意思表示須健全而無瑕疵），始為有效之物權行為。

取得拒絕交還建物之抗辯權，非謂其對基地之無權占有，即變為合法占有。其占有建物之時效利益，不能擴及於基地之占有，進而拒絕交還基地。

乙說：（否定說）建物與基地雖為獨立之不動產，但兩者密不可分。建物之占有使用無法脫離基地而單獨存在。建物占有人因時效完成而得繼續占有建物，核屬法律時效制度所承認之利益，自應受保護。倘容許將基地與建物兩者割裂，認已取得占有建物時效利益之人，仍須自其占有之建物內遷出而交還基地，無異剝奪其因時效而取得之利益，究非時效制度承認占有利益之旨趣所在。

決議：採甲說。

二、物權行為得否附條件或期限

㈠附條件

物權得否附條件，民法並無明文規定，惟動產擔保交易法第 26 條規定：「稱附條件買賣者，謂買受人先占有動產之標的物，約定至支付一部或全部價金，或完成特定條件時，始取得標的物所有權之交易。」且土地法第 79 條之 1 有關預告登記之事由，請求權附條件或期限亦屬之，是應認物權並無不可附條件。

㈡附期限

物權是否亦得附期限，同樣的民法亦無明文規定，按各物權之性質，可確定永佃權（指支付佃租，「永久」在他人土地上為耕作或牧畜之權）不得附有終期，則為一例外（惟永佃權於民國 99 年 2 月 3 日民法修正時刪除），其他物權並無明文禁止，再參酌土地法第 79 條第 1 項有關預告登記之事由，應認物權亦得附期限。

三、物權行為得否撤銷

按最高法院 42 年臺上字第 323 號判例要旨：「債權人依民法第二百四十四條規定，撤銷債務人所為之有償或無償行為者，祇須具備下列之條件，㈠為債務人所為之法律行為㈡其法律行為有害於債權人㈢其法律行為係以財產權為目的㈣如為有償之法律行為，債務人於行為時，明知其行為有害於債權人，受益人於受益時，亦明知其事情。至於債務人之法律行為除有特別規定外，無論為債權行為抑為物權行為，均非所問。」

同院 48 年臺上字第 1750 號亦著有判例：「債務人所有之財產除對於特定債權人設有擔保物權外，應為一切債務之總擔保，故債務人明知其財產不足清償一切債務，而竟將財產出賣於人，及受益人於受益時亦知其情事者，債權人即得依民法第二百四十四條第二項之規定，聲請法院

撤銷。此項撤銷權之效力，不特及於債權行為，即物權行為亦無例外。」故應足確認，對於物權行為，仍可藉由撤銷權之行使而撤銷物權行為並溯及自始無效。

另外，物權行為為法律行為之一。任何法律行為皆須以「意思表示」為要素，物權行為亦然。故物權行為之意思表示有錯誤（民法第 88 條）、或有被詐欺被脅迫（民法第 92 條）等得撤銷事由，表意人自得以意思表示不健全為由而撤銷有瑕疵之物權行為。

例題 2-5-2： 物權行為之獨立性

請說明下列法律行為之效力：

㈠土地共有人之一人，未經其他共有人同意，即與他人訂定買賣契約而將土地之全部予以出賣。

㈡土地所有權移轉後，出賣人以受買受人之詐欺而撤銷。

本例題涉及物權行為獨立性，此觀念在物權法，係非常重要之基本觀念，初習本書的讀者，務必特別注意。

一、物權行為獨立性

依民法第 758 條第 1 項、第 2 項及第 761 條規定可知（民法第 758 條第 2 項係民國 98 年 1 月 23 日修正時增訂，並刪除第 760 條），我國物權法係採取形式主義之立法例（與德國法相同），亦即，物權因法律行為而發生取得、設定、喪失及變更時，必須有另外物權變動之意思表示及實行「登記」或「交付」之形式，始能發生法律效果。質言之，物權行為係獨立於債權行為之外，為另外一個獨立存在之法律行為。

以不動產買賣為例，買賣不動產時，除出賣人及買受人雙方應訂立買賣不動產之買賣契約（債權契約）外，雙方亦須就所買賣之不動產所有權有讓與之意思表示合致，以及完成所有權移轉登記之行為，始能發生該不動產所有權移轉之法律效果。換言之，出賣人及買受人須就該不

動產物權，完成所有權移轉之物權行為，該不動產所有權，即由出賣人移轉為買受人。

由上可知，物權行為（又稱處分行為）係獨立於債權行為（又稱負擔行為，如買賣契約）之外，另外一個獨立存在之法律行為。而物權之處分行為是否發生法律效果，應就其所發生物權變動之處分行為予以個別認定，縱使該處分行為的作成原因（如買賣契約）有無效或得撤銷之原因，亦不因而當然影響處分行為的法律效果，此即物權行為獨立性之特性。

二、本　題

(一)土地共有人之一，未經其他共有人全體之同意，即獨自與他人訂定出賣全部土地之買賣契約

因與他人訂定出賣全部土地之買賣契約行為，係屬負擔行為，而負擔行為不以有處分權為限，僅係債務人約定負擔一定之給付義務為內容，不生既存權利即物權之變動效力，故土地共有人之一人縱令未得其他共有人全體之同意，而與他人訂定出賣全部土地之買賣契約，因未使其他共有人之所有權發生變動，故其買賣契約不因之無效。

(二)土地所有權移轉後，出賣人以受買受人之詐欺而撤銷

1.撤銷前

出賣人與買受人買賣行為（即負擔行為）有效成立；且雙方就土地所有權移轉之讓與合意（即處分行為）亦移轉登記而分別發生效力。

2.撤銷後

出賣人與買受人之買賣行為，因出賣人以遭買受人詐欺而行使撤銷權，依民法第114條第1項規定，經出賣人行使撤銷權後視為自始無效；而雙方就土地所有權移轉之讓與合意（即處分行為）及移轉登記，若亦

因出賣人以遭買受人詐欺而行使撤銷權，則處分行為亦經撤銷而視為自始無效。

撤銷後，因所有權之移轉為無效，故所有權人仍為出賣人；但因已辦理移轉登記，對出賣人之所有權造成妨害，故出賣人得另依民法第767條第 1 項中段規定，行使所有物妨害除去請求權，請求買受人塗銷該所有權移轉登記。

例題 2-5-3： 物權行為無因性之適用

何謂物權無因性？土地所有權移轉後，出賣人以受買受人之詐欺而賤賣土地為由，而行使撤銷權，撤銷買賣契約後，該次土地所有權移轉之物權行為效力如何？

本例題涉及物權行為無因性，係物權行為獨立性之相關聯概念，此觀念在物權法，亦屬非常重要之基本觀念，初習本書的讀者，亦請特別注意。

一、物權之無因性

由於我國物權法採形式主義之立法例，因此除有獨立於債權行為以外而自行發生變動之「獨立性」特性之外，亦有所謂「無因性」之特性，即物權行為是否會受到債權行為之瑕疵而影響其效力。

例如，依民法第 348 條、第 367 條規定，當事人雙方成立買賣房屋之契約，出賣人即負有交付房屋之義務，買受人則有交付價金之義務，其後出賣人與買受人就該屋成立所有權移轉之書面讓與合意，並完成所有權移轉登記，此時買賣契約即成為該物權行為發生之「原因」行為。若該物權行為受到該買賣契約之不成立或無效，而使物權行為當然成為無效時，即屬「物權有因性」；而若物權行為不因債權行為之不成立或無效而受影響，而係針對物權行為本身，是否具備成立與生效要件而認定其效力，即為「物權無因性」。

我國民法物權編雖未明文係採「有因性」或「無因性」，但在採形式主義立法例之下，於解釋上通說均認為物權行為具有「無因」之特性。如最高法院 89 年度臺上字第 961 號判決：「物權行為有獨立性及無因性，不因無為其原因之債權行為，或為其原因之債權行為係無效或得撤銷而失效」，同院 98 年度臺上字第 2014 號判決：「物權行為有獨立性及無因性，不因為其原因之債權行為不存在而當然失效」，均明白宣示物權法之無因性。

惟由於無因性之缺點乃違背一般人之認知，與一般交易慣例不符，使出賣人自所有權人退居一般普通債權人之地位，對出賣人即債權人保護不周❷。因此，對於物權行為無因性之補救之道，常以「瑕疵共同理論」加以解決，如於意思表示有欠缺時（例如：受詐欺、脅迫之情），債權行為及物權行為應具有共同瑕疵而得同時為無效或得撤銷。

二、本　題

土地所有權移轉後，出賣人以受買受人之詐欺而賤賣土地而行使撤銷權，其撤銷效力及該物權行為之效力：

㈠ 出賣人與買受人之買賣行為，因出賣人行使撤銷權，則買賣行為自始

---

❷　例如至便利商店購買飲料之行為，因向便利商店購買飲料之買賣契約、交付價金、飲料等動作，均係在一瞬間完成，因此一般人通常會認為應該只有一個法律行為；然我國實務上已承認物權無因性之理論，顯然與一般人之認知不同，以致在日常生活中為法律行為時，發生契約行為無效，而物權行為移轉有效之時，無法保護自我權益。例如，A 自營雜貨店，B 向其購買一瓶飲料，A、B 間即有一買賣契約，倘若 A 已將飲料交付 B，B 支付價金後，始發現 A、B 間之買賣契約有無效事由，A 之移轉飲料之物權行為因物權之無因性而仍為有效，由於 A 已喪失飲料之所有權，自不得依民法第 767 條第 1 項前段，基於所有權人地位請求 B 返還飲料，僅能依民法第 179 條不當得利（債權請求權）請求 B 返還飲料，即是使出賣人自所有權人地位退居為一般普通債權人地位，顯然對其保護有所不周延，此係物權行為採無因性最常遭人詬病之處。

無效。

㈡ 出賣人未撤銷就土地所有權移轉讓與合意(即處分行為)及移轉登記，故處分行為不因買賣行為之無效而受有影響，故該次土地所有權移轉登記之行為仍屬有效，此即物權之無因性。

㈢ 本件出賣人受詐欺而賤賣土地，其債權行為即買賣契約與物權行為即該次土地所有權移轉行為，應具有共同瑕疵，應認出賣人得行使撤銷權而使物權行為亦自始無效。

例題 2-5-4： 公示原則與公信原則

何謂物權變動之「公示原則」與「公信原則」？

本例題涉及物權之公示原則與公信原則，此觀念在物權法，亦係非常重要且根本之觀念，初習本書的讀者，須特別注意。

一、公示原則

物權變動之公示原則，指物權發生變動之時，必須以一定之公示方法，表現其變動方式，使其發生一定之法律效果。

㈠不動產之公示方式

民法第 758 條第 1 項規定：「不動產物權，依法律行為而取得、設定、喪失及變更者，非經登記，不生效力。」是不動產係以「登記」為其公示方式。

㈡動產之公示方式

民法第 761 條第 1 項規定：「動產物權之讓與，非將動產交付，不生效力。」則動產係以「交付」為其公示方式。

二、公信原則

物權變動之公信原則，係指依公示方式所表現之物權權利人外觀，使信賴該外觀而為交易之相對人，縱使實際上該物權不存在或內容有差異時，如該交易相對人不知上開事由之存在，法律仍然承認該次交易之法律效力，保護善意不知情之相對人，不因登記不實而受影響，以保障交易安全、促進社會發展與進步，此即善意受讓之保護。

換言之，物權變動之公信原則，直接表彰於物權之善意受讓制度。不動產之善意受讓制度，依民法第 759 條之 1 第 2 項規定：「因信賴不動產登記之善意第三人，已依法律行為為物權變動之登記者，其變動之效力，不因原登記物權之不實而受影響。」亦即明定不動產之善意受讓保護，不因登記不實而受影響。

而動產之善意受讓制度，依民法第 801 條：「動產之受讓人占有動產，而受關於占有規定之保護者，縱讓與人無移轉所有權之權利，受讓人仍取得其所有權。」，及民國 99 年 2 月 3 日修正、同年 8 月 3 日施行之民法第 948 條第 1 項規定：「以動產所有權或其他物權之移轉或設定為目的，而善意受讓該動產之占有者，縱其讓與人無讓與之權利，其占有仍受法律之保護。但受讓人明知或因重大過失而不知讓與人無讓與之權利者，不在此限。」亦明定除非是受讓人明知或因重大過失而不知，否則即使讓與人無移轉所有權之權利，受讓人仍得取得該動產所有權。

例題 2-5-5：物權之得、喪、變更

何謂物權之變動？

本例題旨在說明物權的變動態樣。

物權之變動

物權之變動，通常是指物權權利之動態現象，即指物權的權利，有

「發生」、「變更」或「消滅」等變動之情形發生：

一、物權之「發生」

可區分為「原始取得」及「繼受取得」。所謂原始取得，指非依據他人既存之物權權利而取得物權，例如無主物先占、遺失物拾得，或是出資建築房屋等情形；而繼受取得則指由他人已存在之物權權利而取得物權，又可分為「移轉取得」及「創設取得」。前者例如是基於繼承或買賣而發生；後者則例如抵押權設定或是地上權設定等。

二、物權之「變更」

而物權之變更，包括「主體變更」、「客體變更」、「內容變更」。所謂主體變更，指權利主體發生變動，即是物權之取得或喪失；而所謂客體變更，則指標的物在「量」上有所增加或減少，例如土地面積、房屋樓層的增減；內容之變更，例如抵押權之次序升降，從第二順位變成第一順位抵押權人。

三、物權之「消滅」

又可分為「絕對消滅」及「相對消滅」。前者指物權本身之消滅，例如房屋之毀損、或土地因天災改變而滅失，例如九二一地震發生走山，或河流河道改變而淹沒土地，或地震將房屋震垮；後者指物權因移轉或拋棄而喪失物權，係法律上之消滅，惟該物之實體並未消滅。如甲將 A 屋出賣予乙，甲移轉 A 屋之所有予乙，並將 A 屋登記在乙名下。對甲而言，係喪失 A 屋之所有權，屬於物權之相對消滅；對乙而言，係因物權移轉而取得 A 屋所有權，A 屋之實體仍然存在。

第三章

不動產物權的變動

▌第一節▌基於法律行為之變動 ●────────

例題 3-1-1：不動產物權之單獨行為、契約行為

甲將其所有 A 建地出賣與乙，訂立買賣契約後，即將 A 建地交付乙使用，惟未辦理所有權移轉登記。嗣後，甲復將該地出賣與丙，並辦畢所有權移轉登記，則丙得否以乙為無權占有，而本於所有權人地位，訴請乙交還 A 建地？

💥本例題主要涉及不動產物權因法律行為而發生變動，及不動產物權發生「一物二賣」情形時之法律效果。

一、因法律行為而發生不動產物權之變動

按法律行為乃指以行為人之意思表示為要素，因意思表示而發生一定私法上法律效果之法律事實。故因法律行為而發生不動產物權之變動者，即是行為人所為法律行為之內容，欲使特定之不動產物權發生取得、設定、變更或喪失之法律效果，因而所為的行為。

依民法第 758 條第 1 項、第 2 項規定：「不動產物權，依法律行為而取得、設定、喪失及變更者，非經登記，不生效力。」、「前項行為，應以書面為之。」亦即不動產物權因法律行為而發生變動時，必須作成書面並經登記，始能發生法律效力。此為法律行為之特別生效要件。

而法律行為因意思表示之多寡，又可分為單獨行為及契約行為：

(一)單獨行為

指僅需不動產物權人單方獨自為意思表示，即可使不動產物權發生取得、設定、喪失及變更之法律效果而言。通常，因不動產物權人單方獨自之行為而使不動產物權發生變動之原因是指拋棄（民法第 764 條）

而言，此部分將於第五章詳細說明，茲不贅述。

㈡契約行為

1.意　義

即指不動產物權的變動，須契約雙方當事人所為的意思表示，並以書面為之，才可使物權發生取得、設定、喪失或變更的法律效果。亦即不動產物權的權利人若欲使不動產物權發生變動，除以書面為之及權利人的意思表示外，還須他方之意思表示，如不動產物權的權利人想要將不動產物權移轉他人，則權利人為讓與人，其須有將該不動產物權為「讓與」的意思表示，而受讓人須向該讓與人為「受讓」該不動產物權的意思表示，才屬於「讓與合意」的物權行為。

2.要　件

⑴須有處分權人所為者

不動產物權人必須對不動產具有處分權限，才可使不動產權利發生變動，此由民法第 118 條第 1 項規定：「無權利人就權利標的物所為之處分，經有權利人之承認始生效力。」之反面推論即明。

倘若不動產物權人於不動產物權之契約行為完成前，已受限制或喪失不動產物權之處分權，其不動產物權行為即難合法有效，例如，X 將土地出賣並辦理移轉登記予 Y 之前，X 即被宣告破產❶，其所為之土地所有權移轉登記予 Y 之物權行為，即因破產人喪失處分權❷而致 Y 並無法合法取得該地之所有權。

⑵須有意思表示合致

---

❶ 破產，指債務人的全部資產不足以清償全部已到期之債務時，債務人得藉由向法院聲請宣告破產，以使債權人將債務人的全部資產供其平均受償，並使債務人免除不能清償的其他剩餘債務。然破產程序有其法定要件，並非一向法院提出聲請，法院即應照准債務人之聲請。

❷ 由於破產宣告係將破產人之全部財產，為其債權人平均分配，為避免破產人任意處分其財產，致侵害各債權人之權益，故於法院宣告破產之時，破產人即喪失對其全部財產之處分權限。

　　按「物權之移轉，非由有處分權之當事人為意思表示，不能發生物權移轉之效力」、「凡物權之移轉設定，非有完全處分權之人為法律上有效之意思表示，不生物權法上之效力。」最高法院 17 年上字第 123 號、同院 18 年上字第 1420 號分別著有判例，則不動產物權之變動，以不動產物權人之「意思表示」為其要件之一，而因雙方就物權變動之契約行為，亦必須具有意思表示之合致，故此契約行為之合致與債權之契約行為之意思表示合致相似，應得類推適用民法第 153 條至第 163 條規定，而認不動產物權變動之契約行為，亦必須雙方意思表示內容互相吻合且合致為其要件之一。

⑶須訂立書面

　　依民法第 758 條第 2 項規定，不動產物權行為之得、喪、變更，應以書面為之。然過去就「書面」之要件，究竟是債權行為或物權行為，有所爭議，有謂係指「債權行為」（如買賣時簽訂買賣契約書），有謂係指「物權行為」（通常指向地政機關提出移轉登記申請書所附之讓與合意契約）本身需「書面」。

　　而對於此爭議，依最高法院 18 年上字第 1592 號、同院 32 年上字第 4349 號判例之意旨：「不動產物權之移轉，以訂立書據為契約成立之要件，未訂立書據，自不生物權移轉之效力。」、「不動產物權之移轉，應以書面為之，民法第七百六十條定有明文。此項書面，除應依同法第三條之規定外，固無其他一定之方法。但其內容須有移轉特定不動產之所有權，或其他物權之意思表示，自不待言。」足見實務上已明確指出，不動產物權變動係以「書面」為其要件，即指「物權行為」本身需「書面」。

　　基此，民國 98 年 1 月 23 日修正民法第 758 條第 2 項，已明定「書面」係指具備足以表示有取得、設定、喪失或變更某特定不動產物權之物權行為之書面而言（參民國 98 年 1 月 23 日民法第 758 條之修法理由）。如為契約行為，須載明雙方當事人就不動產物權變動之合意，如為單獨行為，則僅須明示當事人一方之意思表示即可。

　　至於以不動產物權變動為目的之債權行為者，固亦宜以書面並經公

證為之，以昭慎重，亦已於民法第 166 條之 1 第 1 項明定「契約以負擔不動產物權之移轉、設定或變更之義務為標的者，應由公證人作成公證書。」，惟該條文迄今尚未實施，故就目前而言，以負擔不動產物權之移轉、設定或變更之義務為內容之債權契約，尚無需經書面及公證，併此敘明。

⑷須經登記

由於不動產物權本身具有排除他人干涉之效力（即對世效），為使第三人得由外部即可辨認物權之得、喪、變更狀態，避免第三人因不知悉內部關係而遭受損害，以保護交易安全，並使不動產物權對世效力具有合法合理之法律基礎，故我國民法物權編明定以「登記」作為表彰不動產物權變動之法定方法。

依民法第 758 條第 1 項規定：「不動產物權，依法律行為而取得、設定、喪失及變更者，非經登記，不生效力。」此所謂之「登記」，係指將不動產物權之變動事項，依土地法及土地登記規則之規定，向地政機關申請並完成登記程序，而記載於土地登記簿而言。通說認為不動產物權變動之登記，為物權行為之特別生效要件，是倘若未經登記，則不動產物權之變更行為，尚不生物權變動之效力。

3.效　力

不動產物權因契約行為而為變動之效力，依不動產物權本身性質而發生創設或移轉之繼受取得而略有不同。例如，甲出賣房屋予乙並辦理所有權移轉登記，則乙因移轉行為而繼受取得房屋之所有權，甲則因移轉行為而喪失房屋之所有權；又如，乙將土地設定地上權予丙並辦理地上權登記，則丙因創設行為而取得該地之地上權，乙之所有權固仍存在，但因有地上權而受影響。

二、本　題

本題為典型之「一物二賣」情形，取得物權權利之買受人，得向未取得物權權利之另一買受人，主張物上請求權而要求返還標的物。分析

於下：

㈠丙已取得 A 建地之所有權

依民法第 348 條之規定：「物之出賣人，負交付其物於買受人，並使之取得該物所有權之義務。」則買賣契約之出賣人，基於買賣契約而負有「交付」及「移轉所有權」予買受人之義務。因此，本題甲與乙、甲與丙分別成立買賣契約，甲對乙及丙，均負有交付 A 建地並移轉 A 建地所有權之義務。

惟「土地所有權移轉登記與土地之交付係屬兩事，前者為所有權生效要件，後者為收益權行使要件。」、「不動產所有權之移轉，不以交付該不動產為其效力發生要件，不動產之買受人雖未受交付，而依物權法之規定，出賣人移轉所有權於買受人之法律行為已生效力者，自不能因買受人尚未交付即謂其所有權未曾取得，又不動產之重複買賣，以先辦妥所有權移轉登記者，應受法律之保護。」有最高法院 44 年臺上字第 266 號、同院 59 年臺上字第 1534 號分別著有判例可參。則不動產之買賣，出賣人雖負有「交付」不動產之義務，但依民法第 758 條第 1 項規定及上開判例意旨，顯見「交付」並非不動產物權變動之要件。

因此，縱使甲對乙已履行「交付」A 建地之義務，惟因尚未辦妥所有權移轉登記，故乙自始未取得 A 建地之所有權；而甲對丙雖僅辦妥移轉登記而未履行「交付」A 建地之義務，但丙取得 A 建地所有權不以「交付土地」為必要，故仍無礙丙取得該 A 建地之所有權。

㈡丙得主張乙為無權占有 A 建地而請求乙交還 A 建地

最高法院 83 年臺上字第 3243 號判例明白表示：「買賣契約僅有債之效力，不得以之對抗契約以外之第三人。因此在二重買賣之場合，出賣人如已將不動產之所有權移轉登記與後買受人，前買受人縱已占有不動產，後買受人仍得基於所有權請求前買受人返還所有物，前買受人即不得以其與出賣人間之買賣關係，對抗後買受人。」依此，在不動產一物二

賣的情形下，先完成所有權移轉登記者自應受法律保護，故縱使先買受人已占有不動產或其買賣契約成立在前，倘若後買受人先行完成不動產所有權之移轉登記，自得對先買受人主張所有權而請求返還所有物。

本題甲雖將 A 建地交付乙使用，乙實際占有中，但因尚未辦理所有權移轉登記，則 A 建地之所有權人仍屬甲；而甲復將 A 地再賣予丙，並辦理所有權移轉登記予丙，是丙取得 A 地所有權，其即得本於 A 建地所有權人之地位而對抗任何人。故丙得向乙主張無權占用 A 建地而請求乙返還之。

乙雖得基於買賣契約對甲主張有權占有，但基於債權之相對性，乙不得以其與甲之買賣契約對抗丙。亦即，乙不得以其與甲之買賣契約成立在前，且已取得 A 建地之占有為由而對丙為主張，乙對丙而言，即屬無權占有，故丙自得基於所有權人地位，得訴請乙交還 A 建地。

例題 3-1-2： 違章建築之得、喪、變更

> 甲在所有之土地上，建築一房屋，惟被政府機關認定為違章建築，不得辦理登記，嗣後甲將該違章建築出賣予乙並交付，試說明上開建築物變動之情形。
>
> 🔆 本例題主要涉及違章建築之物權變動情形。

一、不動產物權之變動與違章建築

㈠所有權

一般不動產所有權之變動，除須有書面讓與合意之意思表示外，尚須經登記，始發生不動產所有權之移轉。也就是說，就不動產所有權的變動，必須「完成登記」才發生效力，「登記」是不動產所有權變動的「特別生效要件」。因此，不動產本身究竟有無「交付」，對其所有權變動並無影響。惟不動產為房屋、建築物而屬違章建築時，因違章建築乃係房

屋、建築物於興建時違反建築法令等相關規定，致不得為不動產所有權之登記，因此違章建築物之所有權移轉或變動，是否與有登記之不動產所有權移轉或變動相同，即有疑問。

依最高法院48年臺上字第1812號判例意旨：「違章建築物雖為地政機關所不許登記，但非不得以之為交易之標的，原建築人出賣該建築物時，依一般法則，既仍負有交付其物於買受人之義務，則其事後以有不能登記之弱點可乘，又隨時隨意主張所有權為其原始取得，訴請確認，勢將無以確保交易之安全，故此種情形，即屬所謂無即受確定判決之法律上利益，應予駁回。」應認違章建築物的興建者，因建築不動產而原始取得該不動產所有權，且該不動產縱屬違章建築，仍得為交易標的，並非屬違禁物等禁止移轉之物，因此若違章建築物所有權人出售該違章建築後，為確保交易安全，該所有權人自不得再行訴請確認該違章建築物為其所有，即不再受法律之保護。

再依最高法院67年度第2次民事庭庭長會議決定㈠意旨：「違章建築之讓與，雖因不能為移轉登記而不能為不動產所有權之讓與，但受讓人與讓與人間如無相反之約定，應認為讓與人已將該違章建築之事實上處分權讓與受讓人。」應可認為，既然違章建築並非不得移轉、不得交易之違禁物，而其交易既受法律保障（參考上開最高法院48年臺上字第1812號判例），則因受讓而取得違章建築之人，雖不得因登記而取得違章建築物之所有權，仍可取得該違章建築之「事實上處分權」，也就是說，受讓違章建築物之受讓人，雖未取得該建物所有權登記，但仍有權而可對該違章建築為拆除等事實上處分之行為。

㈡用益物權

用益物權乃以支配他人標的物之使用、收益權能為內容之定限物權，包括地上權、農育權、不動產役權、典權等，已如第二章所述。則一般所有權人將所有物之使用收益權，讓與第三人，除得以債權行為，例如租賃或使用借貸之方式為之，亦得以物權行為，即設定用益物權之方式

為之，此時，用益物權人因完成登記而取得地上權、農育權、不動產役權、典權等物權。

而關於用益物權人於取得用益物權並完成登記後，於權利存續期間，原則上不受所有權人之干涉，而可將其取得之用益物權讓與他人。如民法第 838 條第 1 項規定：「地上權人，得將其權利讓與他人。但契約另有訂定或另有習慣者，不在此限。」、新修正第 853 條規定：「不動產役權不得由需役不動產分離而為讓與，或為其他權利之標的物。」、第 843 條規定（民國 99 年 2 月 3 日修正通過，並於同年 8 月 3 日施行修正後民法已刪除）：「永佃權人得將其權利讓與他人。」，以及民法第 917 條第 1 項亦規定：「典權人得將典權讓與他人。」

至於違章建築之房屋或建築物，因無法為登記，故亦無法設定用益物權，如當事人間有所約定，亦不能發生物權之效果，充其量僅能發生債權契約之效果，而不能對抗不知情之第三人。

(三)擔保物權

不動產物權之擔保物權，即抵押權及典權，同以「完成登記」為取得擔保物權之特別生效要件。若欲將抵押權單獨讓與第三人，依民法第 870 條規定：「抵押權不得由債權分離而為讓與，或為其他債權之擔保。」由於抵押權從屬於其所擔保之債權而存在，故應隨同該被擔保之債權而移轉，不得單獨為抵押權之移轉。是若抵押權與債權分離而為其他債權之擔保，則該行為係屬違反法律強行禁止規定而無效（民法第 71 條）。換言之，倘若抵押權連同其所擔保之債權而移轉與他人，自非法所不許，惟仍應依法完成登記，始生效力。

至於違章建築之房屋或建築物，因無法登記，故亦無法設定擔保物權，縱使當事人間有所約定，亦不能發生物權之效果，即債權人於債權屆清償期而未獲清償時，不可逕為拍賣違章建築物，而須另循訴訟途徑而為之。

二、本　題

按違章建築既為土地上之定著物，屬於不動產之一，由出資建造人原始取得該違章建築之所有權，與一般出資興建房屋者，原始取得該屋所有權者同。因此，甲在自己所有之土地上興建違章建築，雖違反建築之相關法令，而仍得取得該違章建築物之所有權。

惟因違章建築違反行政規定，故不得辦理所有權登記，屬未登記之不動產。然違章建築仍得為交易之對象，故甲將該違章建築出賣與乙，該買賣契約之債權行為自屬有效；然因違章建築其不能辦理移轉登記，故甲無法使買受人乙取得該違章建築物之所有權。違章建築物所有權仍為甲所有。

然而，違章建築物之買賣，雖不能移轉所有權，但仍得移轉「事實上處分權」，亦即，當甲將該違章建築交付乙時，既無特別之相反約定，應認係該違章建築「事實上之處分權」之讓與，由乙取得該違章建築物之事實上處分權。則甲雖然為所有權人，但對於乙，其所有權已不再受法律保護，甲自不得對乙訴請確認該違章建築物之所有權係屬甲（最高法院 48 年臺上字第 1812 號判例參照）。

▌第二節▌ 基於非法律行為之變動

例題 3-2-1： 繼承下發生之不動產物權變動

甲建築 A 屋，登記完成後而自用，嗣甲死亡，甲之繼承人丙將 A 屋出售予乙，此不動產物權法律關係是如何變動？

☝本例題主要涉及因繼承而發生不動產物權變動之情形。

一、不動產物權基於非因法律行為而發生變動

　　非基於法律行為而發生物權變動，有因法律事實（如繼承）而發生，有因國家公權力行為（如法院判決、強制執行之拍賣）而發生，亦有因法律規定（如法定抵押權、善意受讓）而發生，或因時間經過（時效取得）而發生。換言之，此等情形之物權發生變動，並非基於人之意思表示而欲使特定物權發生變動所致，因此並非因法律行為而發生物權變動，故此等物權發生變動之際，無待「登記」即已使物權完成變動。

　　只是，法律為貫徹「登記」要件制度，就此等非因法律行為而已發生物權變動者，雖未登記不影響該次物權之變動，但倘若因而未為登記，則縱令已取得不動產之物權，在未完成登記前，自不得「處分」不動產物權。這是因為依法律行為而發生不動產物權變動的情形，可藉由「登記」而使第三人得知不動產物權變動情形，進而符合物權公示性之要求；然若非基於法律行為而發生之不動產物權變動時，因為不需登記即已發生物權之變動，因此第三人並無法知悉該物權變動之情形，為確保物權公示性之最低要求，並促使取得物權權利人盡快辦理登記，因而規定非法律行為取得不動產者，在尚未辦理登記之前，不得處分該不動產物權，藉由限制其處分權，以貫徹登記要件主義之旨。

　　因此，民法第 759 條規定：「因繼承、強制執行、徵收、法院之判決或其他非因法律行為，於登記前已取得不動產物權者，應經登記，始得處分其物權。」就「繼承」、「強制執行」、「徵收」、「法院之判決」固屬非因法律行為所發生之物權變動，而「非因法律行為取得之不動產」尚包括其他情形，例如因除斥期間之屆滿而取得典物所有權（民法第 923 條第 2 項規定），或因法律事實而取得不動產物權，例如自己出資興建建築物等，因此上述四種僅為例示性規定（即「包括但不限」之意）。而此處所謂「處分」，是指物權處分行為而言（最高法院 74 年臺上字第 2024 號判例參照）。

二、本 題

繼承因被繼承人之死亡而開始，而繼承人自繼承開始時，除本法另有規定外，承受被繼承人財產上之一切權利、義務（民法第1147條、第1148條第1項參照）。換言之，甲建築A屋而登記完成後自用，甲即是A屋的所有權人，則甲死亡後，甲之繼承人丙因繼承甲財產上之一切權利義務，故丙因繼承而取得A屋之所有權，自不因丙是否已完成A屋所有權之繼承登記而有影響。

惟民法第759條規定，因繼承而於登記前已取得不動產物權者，應經登記，始得處分該物權，則丙將A屋出賣予乙，僅屬成立債之契約行為，非屬該條所謂之「處分」，則丙乙間買賣A屋之買賣契約，不因丙尚未登記為A屋所有權人而無效，僅因丙尚未將繼承之事實為登記（即「繼承登記」），因此尚不能就A屋辦理所有權移轉登記予乙。

依最高法院51年度臺上字第133號判例意旨：「……惟該條之登記並無期間之限制，繼承人先與第三人成立移轉不動產所有權之債權契約，並於完成登記後以之移轉登記於受讓其權利之第三人，究非法所不許」，也就是說，丙可以先與第三人即乙訂立買賣契約，該買賣契約即為有效，而再完成繼承登記，丙再將A屋所有權移轉登記予乙，以履行先前已成立之A屋買賣契約。

因此，本件A屋之物權變動，先係因繼承而由丙取得A屋所有權，於完成A屋繼承登記後，再將A屋所有權移轉登記予乙。則乙因移轉登記取得A屋所有權，屬繼受取得，丙亦因移轉登記而喪失對A屋之所有權。

例題 3-2-2：法院判決產生之不動產物權變動

基於法院之判決可否發生不動產物權之變動？試就民法物權編之規定，對物權之取得及物權之消滅分別舉例之。

☝ 本例題主要涉及因法院判決而發生不動產物權變動之情形。

一、不動產物權基於法院判決所生之變動

按民事之「法院判決」，包括命特定人向特定人為給付之「給付判決」，確認特定人彼此間特定法律關係存否之「確認判決」，以及特定人間之法律關係，因法院判決而直接發生得喪變更法律效果之「形成判決」。

依最高法院 43 年臺上字第 1016 號判例意旨：「不動產物權因法院之判決而取得者，不以須經登記為生效要件，固為民法第七百五十九條之所明定。惟此之所謂判決，係僅指依其宣告足生物權法上取得某不動產物權效果之力，恆有拘束第三人之必要，而對於當事人以外之一切第三人亦有效力者（形成力亦稱創效力）而言，惟形成判決（例如分割共有物之判決）始足當之，不包含其他判決在內。」因此，民法第 759 條所稱「法院之判決」應採限縮解釋，僅指形成判決，並不包括「給付判決」或「確認判決」。

而「形成判決」在實務上常見者，包括民法第 74 條之暴利行為所為撤銷不動產物權之判決、民法第 244 條詐害債權行為所為之撤銷不動產物權之判決及第 824 條第 2 項之分割共有之不動產判決等。

再依最高法院 65 年臺上字第 1797 號判例意旨：「民法第七百五十九條所謂因法院之判決，於登記前已取得不動產物權者……惟形成判決始足當之，不包含其他判決在內。關於命被上訴人陳某辦理所有權移轉登記之確定判決，性質上既非形成判決，尚須上訴人根據該確定判決辦畢所有權移轉登記後，始能取得所有權，自難謂上訴人於該所有權移轉登記事件判決確定時，即取得系爭土地之所有權。嗣後上訴人既迄未辦畢所有權移轉登記，則其尚未取得系爭土地之所有權，殊無疑義，是上訴人本於所有權請求排除被上訴人楊某等之強制執行，即難認為有理由。」自可得知，倘若「給付判決」或「確認判決」之法院判決，若未經登記，則尚未發生不動產物權變動之法律效果，此與民法第 759 條規定「於登記前已取得不動產物權」之情形不同。

二、本　題

因法院判決而發生不動產物權變動限於「形成判決」，而此時不動產物權之變動時點，以法院判決確定之時而發生不動產物權之變動。則「給付判決」或「確認判決」，雖亦皆屬法院判決，但尚不能發生不動產物權之變動。

對於因法院判決而發生不動產物權變動之情形，包括有裁判分割共有物、因暴利行為或詐害債權行為等而為撤銷不動產物權之「形成判決」；而因法院判決而發生不動產物權之變動消滅，如民國99年2月3日修正通過，並於同年8月3日施行之修正後民法第859條第1項規定：「不動產役權之全部或一部無存續之必要時，法院因供役不動產所有人之請求，得就其無存續必要之部分，宣告不動產役權消滅。」亦即經由法院「形成判決」而將不動產役權無需存續必要之部分，宣告該不動產地役權消滅。

例題 3-2-3: 公權力之實行產生之不動產物權變動

甲為違章建築物之原始起造人，亦為強制執行程序之債務人，今違章建築物經法院併付拍賣，並核發權利移轉證書予拍定人丙，問該違章建築的所有權人為何？

※ 本例題主要涉及因公權力作用而發生不動產物權變動之情形。

一、不動產物權基於其他國家公權力所生之變動

國家公權力所發生不動產物權變動之原因，除前述基於法院判決之外，另尚有因徵收、刑事沒收、強制執行、接收敵偽財產等情形。分敘於後：

㈠徵　收

徵收，係指國家因公共事業需要或因實施國家經濟政策而徵用人民

之私有土地，由國家取得該私有土地之所有權。依最高法院 80 年度臺上字第 2365 號判決意旨謂：「按不動產之公用徵收，非以登記為國家取得所有權之要件，此觀民法第七百五十九條之規定自明。依土地法第二百三十五條規定：『被徵收土地之所有權人，對於其土地之權利義務，於應受之補償發給完竣時終止』。準此，經政府合法徵收之土地，祇須政府對所有人之補償發放完竣，即由國家取得被徵收土地之所有權，至該土地是否已登記為國有，在所不問。」基此，於徵收機關發放補償費予人民完竣之日時起，不動產物權無庸經登記即發生物權之變動，由徵收機關原始取得被徵收之不動產所有權，而人民即喪失其所有權。

㈡刑事沒收

國家行使刑罰權時，沒收刑事被告之不動產時，如該不動產係被告因犯罪所生或所得之物（參刑法第 38 條、刑事訴訟法第 470 條），該被沒收之不動產於檢察官依刑事確定裁判執行時發生變動，而由國家原始取得該不動產之所有權。

㈢強制執行

指債權人持確定判決或其他執行名義，向該管法院對債務人聲請強制執行拍賣債務人財產，而就拍賣得之價金取償。則經由拍賣程序而得標之人，稱之為「拍定人」。依最高法院 56 年臺上字第 1898 號判例意旨：「基於強制執行而取得不動產物權者，屬於民法第七百五十九條規定之範圍，一經法院發給所有權權利移轉證書，即發生取得不動產物權之效力。倘非更予處分，則不以登記為生效要件。」應足認強制執行之不動產物權發生變動，係以執行法院發給「權利移轉證書」之時，即由拍定人原始取得不動產物權（強制執行法第 98 條參照），只是倘若拍定人欲處分該不動產，如轉賣或設定抵押貸款等，依據民法第 759 條之規定，必須經登記後，始得為之。

㈣接收敵偽財產

根據最高法院 40 年度民庭庭長會議決議所示：「國家機關代表國庫接收敵偽不動產，係基於國際戰爭之關係，並非依法律行為而取得，其所有權依民法第七百五十八條反面解釋，既無須登記，即能發生取得所有權之效力，自得本其所有權對抗一般人，不能因接收前所有權之取得未經登記，而謂其仍無對抗第三人之效力。」之情，是該不動產變動之時點，係以敵偽投降之時，而非實際接收時，由國家原始取得該不動產之所有權。

二、本　題

按經由法院強制執行程序所拍賣之不動產，拍定人繳足價金後，自領得執行法院所發給權利移轉證書之日起，即取得該不動產之所有權，強制執行法第 98 條第 1 項定有明文。復按因繼承、強制執行、徵收、法院之判決或其他非因法律行為，於登記前已取得不動產物權者，應經登記，始得處分其物權，民法第 759 條亦有明定。則本題甲原始起造違章建築，雖未能辦理保存登記，然拍定人丙既經由法院強制執行之拍賣程序而就該違章建築取得權利移轉證書，依上開說明，丙於繳足拍賣價金後，自領得執行法院所發給權利移轉證書之日起，即取得該違章建築之不動產所有權。

例題 3-2-4：依法律規定產生之不動產物權變動

除依法院判決、徵收、強制執行、繼承等情形之外，依法律規定而發生不動產物權之變動，還有哪些情形？

本例題主要涉及其他依法律規定而發生不動產物權變動之情形。

一、不動產物權基於其他依法律規定所生之變動

依民法第 513 條第 1 項規定：「承攬之工作為建築物或其他土地上之工作物，或為此等工作物之重大修繕者，承攬人得就承攬關係報酬額，對於其工作所附之定作人之不動產，請求定作人為抵押權之登記；或對於將來完成之定作人之不動產，請求預為抵押權之登記。」即係通說所謂的「抵押權登記請求權」或「抵押權預為登記請求權」，亦即，僅須承攬人係對於建築物或其他土地上之工作物為重大修繕，承攬人就因該次修繕而可以請領的報酬款項，對於定作人得以請求為抵押權登記，其受償次序在因該次修繕而可增加之價值範圍內，優先於普通抵押權。

再依民法第 876 條規定：「設定抵押權時，土地及其土地上之建築物，同屬於一人所有，而僅以土地或僅以建築物為抵押者，於抵押物拍賣時，視為已有地上權之設定，其地租、期間及範圍由當事人協議定之。不能協議者，得聲請法院以判決定之（第一項）。設定抵押權時，土地及其土地上之建築物，同屬於一人所有，而以土地及建築物為抵押者，如經拍賣，其土地與建築物之拍定人各異時，適用前項之規定（第二項）。」則僅須符合因拍賣而致土地與房屋所有權兩相分離的條件，土地與房屋間視為有地上權設定，此又稱為「法定地上權」。

而依司法院院字第 2193 號解釋意旨：「民法第七百五十八條之規定，限於依法律行為所生不動產物權之變動始適用之，依法律直接之規定取得不動產所有權者，並不包含在內，民法第九百二十三條第二項既僅規定出典人於典期屆滿後，經過二年不以原典價回贖者，典權人即取得典物所有權，則雖在物權能依土地法登記後，典權人亦不待登記即取得典物所有權，惟其依法律直接之規定取得不動產所有權，與因繼承於登記前已取得不動產所有權者無異，依民法第七百五十九條之規定，非經登記不得處分其所有權。」也就是說，定期典權回贖之除斥期間屆滿後，出典人未依原典價回贖時，典權人無待登記可直接依民法規定而取得典物所有權；換言之，當定期典權之典期屆滿後經過二年，如出典人皆未為

回贖，典權人無庸為任何之登記，可直接取得該典物之所有權。

二、本 題

如上所示之情形，不動產物權只要符合法律之規定，即可發生物權變動之效力。

例題 3-2-5： 善意受讓下之不動產物權變動

> 甲為逃避強制執行，將其所有之土地一筆以通謀虛偽意思表示之方法移轉登記予乙。乙以甲長年生病住院，年老可欺，擅自將該土地設定抵押權予 A 銀行而貸款花用。其後又將該土地設定地上權予丁，辦妥登記。丁於地上權範圍內，建築 B 屋一棟。旋乙因車禍死亡，其善意之唯一繼承人戊就該土地辦妥繼承登記。迨乙之借款清償期屆至，戊未為清償，A 銀行欲聲請查封拍賣，甲聞悉上情，抱病出院阻止。問： A 銀行、丁、戊是否分別取得抵押權、地上權、所有權？ 試說明其理由。

📺 本例題主要涉及善意受讓制度，及該制度下之不動產變動情形。

一、善意受讓之意義

因物權公示性之要求，對於善意信賴土地登記簿上所記載事項而受讓不動產物權者，縱使讓與人無移轉或設定之權利，受讓人仍得取得該不動產物權（民法第 759 條之 1 第 2 項）；反之，倘若明知土地登記簿上所載事項為不實而仍受讓不動產物權（即為「惡意」），自不受善意受讓保護而屬效力未定（民法第 118 條參照）。

惟因善意受讓而發生不動產物權變動之情形，屬因法律規定而發生；然而，在民法第 759 條之 1 增訂之前，不動產物權究竟有無善意受讓？於民法物權編並無明文規定，而土地法第 43 條雖規定：「依本法之登記，有絕對之效力。」但能否作為善意受讓之依據？抑或無論善意惡意皆有絕

對效力？尚非無疑。

　　於此，民國 28 年 9 月 15 日司法院院字第 1919 號解釋認為：「土地法第三十六條所謂登記有絕對效力，係為保護第三人起見，將登記事項賦予絕對真實之公信力，故第三人信賴登記，而取得土地權利時，不因登記原因之無效或撤銷，而被迫奪，惟此項規定，並非於保護交易安全之必要限度以外剝奪真正之權利，如在第三人信賴登記，而取得土地權利之前，真正權利人仍得對於登記名義人主張登記原因之無效或撤銷，提起塗銷登記之訴……」而最高法院 41 年臺上字第 323 號判例亦認為：「土地法第四十三條所謂登記有絕對效力，係為保護第三人起見，將登記事項賦與絕對真實之公信力，故真正權利人祇許在未有第三人取得權利前，以登記原因無效或得撤銷為塗銷登記之請求，若至已有第三人本於現存之登記而為取得權利之新登記以後，則除得依土地法第六十八條規定請求損害賠償外，不得更為塗銷登記之請求，因之真正權利人對於第三人依此取得之不動產，訴請返還，自無法律上之根據。」亦即，以土地法第 43 條規定作為不動產物權受讓保護之依據，但是否限於「善意」？上開實務見解並未言明，致信賴不動產物權登記者，是否包括「惡意」者，茲生疑義。

　　直至民國 98 年 1 月 23 日民法修正明定第 759 條之 1 規定：「不動產物權經登記者，推定登記權利人適法有此權利（第一項）。因信賴不動產登記之善意第三人，已依法律行為為物權變動之登記者，其變動之效力，不因原登記物權之不實而受影響（第二項）。」明文確立不動產物權係有善意受讓之適用，而倘若受讓人為惡意時，則不因土地登記簿所載之不實事項即可受讓取得不動產物權（即惡意不受保護）。

二、不動產物權善意受讓之要件

㈠須讓與人就該不動產取得形式上之登記名義

　　土地登記與事實發生不符之情形，不外係⑴因地政機關之錯誤或疏

漏所致，(2)因為物權行為之無效或撤銷之情形所致，(3)因法律規定取得不動產物權，但尚未辦理登記所致，(4)因其他法律變動所發生物權變動所致。

㈡須讓與人無處分權，而讓與人與受讓人間之法律行為已完成登記

讓與人無處分權，即讓與人並無移轉或設定不動產物權之權限，但仍為不動產物權之移轉或設定，並使受讓人就該不動產物權之移轉或設定之行為，完成登記。

㈢須受讓人善意信賴土地登記簿上之記載事項

受讓人必須是善意不知土地登記為不實，即不知讓與人雖經登記為權利人，但卻無處分權之事實，而基於土地登記簿之公信力，推定不動產物權取得人係善意，而所謂善意之判斷時點，以申請登記時為準。

三、善意受讓之法律效力

善意受讓係因法律規定，於善意受讓人完成登記時，使信賴土地登記簿所載事項而發生不動產物權變動之結果受法律保護，故受讓人因善意受讓而原始取得不動產物權之權利。

四、本　題

甲與乙通謀虛偽意思表示所為移轉土地之法律關係，甲乙雙方之意思表示，因違反民法第 87 條第 1 項規定而無效，甲乙雙方所成立之所有權書面移轉契約無效，故土地之登記名義人為乙，但實際所有權人仍為甲。

而乙未經甲之同意任意將甲所有之土地設定抵押權予 A 銀行、設定地上權予丁，即屬無權處分之行為，惟因 A 銀行與丁係善意信賴乙為土地登記所載之所有權人而與之為設定抵押權及地上權之物權行為，縱使乙非土地之實質所有權人，A 銀行與丁皆得主張其辦理登記時為善意第三人，依民法第 759 條之 1 規定取得抵押權及地上權。

又乙嗣後死亡，戊為其唯一合法繼承人，因辦理繼承登記而成為土地之登記名義人，然因戊成為土地之登記名義人乃因繼受乙而來，是戊於繼承乙之土地登記名義之同時，亦繼承乙取得土地登記名義之瑕疵；也就是說，因繼承屬非法律行為所生不動產物權變動之原因，自與善意受讓要件不符，故無善意受讓之適用，則甲乙因通謀虛偽意思表示，故乙並未取得該土地之所有權，戊於繼承時，亦繼承該瑕疵，故無善意受讓情形而無法取得該土地所有權，亦即，戊僅繼承乙對該土地之登記名義，而未因繼承而取得該土地之所有權。甲仍為該土地之所有權人。

例題 3-2-6：時效取得之不動產物權變動

請附具理由說明，於下列情形，甲於何時取得 A 地、B 地之所有權及 C 地之抵押權？如甲訴請乙、丙或丁偕同辦理所有權或抵押權之取得（移轉）登記，是否有理由？㈠甲以所有之意思，和平、公然、繼續占有乙未登記之 A 地，已逾 15 年。㈡甲以所有之意思，和平、公然、繼續占有丙已登記之 B 地，已逾 25 年。㈢甲將款項借予丁，丁以擔保債務的意思而交付 C 地之所有權狀，甲亦以抵押權人之意思而占有 C 地所有權狀，已逾 35 年。

本例題主要涉及時效取得物權之制度，與各物權各自之時效取得情形。

一、時效取得制度

時效取得，係指無權利之人，占有他人之物，經過一定之時間，依法律規定而取得所有權或其他財產權之制度。時效取得係著重於維護既有法律現狀之安定，不因權利人於一定時間經過後而主張權利，致已長久存在之法律現狀發生變動。因此，時效取得必須是無權利人公然、和平、繼續占有他人之物而經過一定期間，權利人皆未出面主張權利，法

律為維護此長期平和之法律狀態，故賦予無權利人得取得其所占有之物之所有權或其他財產權。

二、不動產所有權之時效取得

㈠法律依據

依民法第 769 條規定：「以所有之意思，二十年間和平、公然、繼續占有他人未登記之不動產者，得請求登記為所有人。」乃規定不動產所有權之一般時效取得；而同法第 770 條規定：「以所有之意思，十年間和平、公然、繼續占有他人未登記之不動產，而其占有之始為善意並無過失者，得請求登記為所有人。」則是特別情況下之不動產所有權之短期時效取得。

㈡要　件

1. 須為自主占有

須以自己所有意思而占有該物，亦即，無權利人必須以所有人自居，而為占有、管理該物。換言之，租賃之承租人屬他主占有，即欠缺自主占有之意思。

2. 須為和平占有

指開始占有及保存其占有狀態，均不以暴力、脅迫或其他非和平之方法而為，且在占有期間並未遭人追訴。換言之，倘無權利人遭有權利人訴請返還占有物，則自起訴時即係非和平占有；然若無權利人因占有物遭權利人以外之第三人侵奪，而依民法第 962 條占有物返還請求權為訴訟，並不影響無權利人之和平占有狀態。

3. 須為公然占有

占有之事實，係以特定多數人或不特定多數人皆得共見共聞之方法為之，而非將其占有事實予以隱匿，始得呈現標的物現由無權利人占有之外觀，任何人皆得知悉標的物現屬無權利人占有之狀態，則法律對此

公然占有之狀態，為維護法之安定性而有保護之必要。是以，倘若無權利人占有標的物非屬公然占有，自不得享受時效取得制度之保護。

4.須為他人未經登記之不動產

即未依土地法登記之不動產，包括土地及建築物；如已為登記，則無時效取得所有權之適用。惟就臺灣現今土地登記實務而言，除發生劇烈天然災害而造成地面劇烈變動致產生新土地之外，幾乎沒有尚未登記之土地。

5.特別取得時效之要件

即無權利人占有標的物之始，是否為「善意無過失」。依最高法院 26 年上字第 442 號判例意旨：「民法第七百七十條所定十年之取得時效，雖以占有之始善意並無過失為要件，而民法第七百六十九條所定二十年之取得時效，則無以此為要件之明文。且民法第七百七十條特設短期取得時效，係以增此要件為其唯一理由，其他關於期間以外之要件，仍與民法第七百六十九條所定者無異，則二十年之取得時效，不以此為要件，實甚明瞭。故以所有之意思二十年間和平繼續占有他人未登記之不動產者，縱令占有之始為惡意，或雖係善意而有過失，亦得請求登記為所有人。」足見民法第 769 條與第 770 條之唯一差異，在於無權利人占有標的物之始，究竟是否為「善意無過失」之情形。

如是，則有民法第 770 條短期時效適用；如否，則無論係惡意或善意有過失，皆有民法第 769 條之適用。另外，占有態樣之推定，依據民法第 944 條之規定，係被推定為以所有之意思，善意、和平及公然占有。經證明前後兩時為占有時，推定前後兩時之間，繼續占有。

㈢效　力

依最高法院 68 年臺上字第 3308 號判例所示意旨：「占有為一種單純事實，故占有人本於民法第七百七十二條準用第七百七十條取得時效規定，請求登記為地上權人時，性質上並無所謂登記義務人存在，無從以原所有人為被告，訴請命其協同辦理該項權利登記，僅能依土地法規定

程序，向該管市縣地政機關而為聲請。」

　　由此足見，無權利人占有不動產於時效取得之時間屆滿後，該無權利人依據民法第 769 條及第 770 條之規定，僅得「請求登記為所有人」，亦即僅取得「請求登記為所有權人」之請求權，並非時效取得之時間屆滿，即當然取得該不動產之所有權，仍須向地政機關辦理登記後，始可取得不動產所有權，此與民法第 759 條所定「於登記前已取得不動產物權者，應經登記，始得處分其物權」之情形不同。

三、不動產定限物權之時效取得

　　依民法第 772 條規定：「前五條之規定，於所有權以外財產權之取得，準用之。於已登記之不動產，亦同。」惟由於不動產定限物權之性質，彼此不同，應如何適用，分述如下：

㈠地上權

　　地上權係屬需要「占有」土地之用益物權，依最高法院 64 年臺上字第 2552 號判例所示之要旨：「地上權為一種物權，主張取得時效之第一要件須為以行使地上權之意思而占有……」，得見最高法院係肯定地上權有時效取得之適用。

　　惟有疑問的是，地上權時效取得是否以他人未登記之不動產為限？參考最高法院 60 年臺上字第 4195 號判例意旨：「未登記之土地無法聲請為取得地上權之登記，故依民法第七百七十二條準用同法第七百六十九條及第七百七十條主張依時效而取得地上權時，顯然不以占有他人未登記之土地為必要。苟以行使地上權之意思，二十年間和平繼續公然在他人地上有建築物或其他工作物或竹木者，無論該他人土地已否登記，均得請求登記為地上權人。」顯見，縱令係已登記之不動產，亦有時效取得地上權之適用，不因不動產有無登記而有異。

　　因此，我國民法物權編於民國 98 年 1 月 23 日修正第 772 條規定，明定所有權以外財產權之取得，於已登記之不動產亦有適用，顯認同最

高法院 60 年臺上字第 4195 號判例及 64 年臺上字第 2552 號判例之外，亦明文承認除地上權以外之其他定限物權，亦有時效取得制度之適用。

(二)永佃權（舊法）、農育權（新法增訂）、不動產役權（原地役權）、典權等其他用益物權

按一般用益物權，以「占有」標的物為行使權利之必要方式，係用益物權之當然結果，如農育權、典權等，因此，依民法第 772 條準用之規定，用益物權原則上均可主張時效取得，且不因該不動產是否已辦理登記而有異。

惟民國 99 年 2 月 3 日修正前（於同年 8 月 3 日施行）之民法第 842 條第 1 項規定：「稱永佃權者，謂支付佃租永久在他人土地上為耕作或牧畜之權。」係以支付佃租對價為成立永佃權之要件之一，而非僅單純「占有」；相同情形者亦有典權，依民國 99 年 2 月 3 日修正、同年 8 月 3 日施行之新修正民法第 911 條規定：「稱典權者，謂支付典價在他人之不動產為使用、收益，於他人不回贖時，取得該不動產所有權之權。」，亦以支付典價對價為成立典權之要件之一。

因此，此二用益物權之成立既皆以支付一定對價為要件，是若永佃權人與典權人如未支付對價，即無從成立永佃權及典權；倘若有支付對價，則雙方係因合意而成立物權契約，非因時效而取得永佃權或典權。因此，僅有永佃權人或典權人與所有人間之物權行為或其原因行為有無效情形，或已成立原因行為而未登記，然占有人外觀上已具備永佃權或典權之成立要件時，始得主張時效取得。

(三)抵押權

抵押權分為普通抵押權與最高限額抵押權。普通抵押權乃係債權人對於債務人或第三人不移轉占有而供其債權擔保之不動產，得就該不動產賣得價金優先受償之物權（民法第 860 條）；而最高限額抵押權，則是

債務人或第三人提供其不動產，就債權人對債務人基於一定法律關係(如經銷關係)所生之不特定債權為擔保，在最高限額內設定之抵押權(民法第881條之1第1項)。

基此，抵押權之存在，必須以主債權或該一定法律關係之存在為前提，倘若無主債權或一定法律關係之存在，則抵押權失所附麗，自無時效取得之適用；又抵押權屬擔保物權，無庸占有抵押物之不動產，然時效取得物權，以係「占有」為要件，益見抵押權在性質上，亦無法成為時效取得之標的。

㈣不動產定限物權之時效取得效力

依民法第772條規定準用民法第769條、第770條之規定，故無權利人占有不動產於時效取得之時間屆滿後，依最高法院60年臺上字第1677號判例意旨：「上訴人主張因時效而取得地役權，既未依法請求登記為地役權人，自不能本於地役權之法律關係，而向被上訴人有所請求」所示，不動產占有人僅取得「請求登記為權利人」之請求權，並非時效取得之時間屆滿，即當然取得該不動產之定限物權，仍須向地政機關辦理登記後，始取得不動產定限物權。

四、本　題

㈠甲訴請乙偕同辦理A地所有權取得登記部分

1. A地為未登記之不動產，故得為時效取得所有權之標的。
2. 依甲係善意占有或惡意占有而有不同之時效取得適用：
   ⑴若甲於占有A地之始，為善意並無過失而以所有之意思，經10年和平、公然、繼續占有，即可時效取得A地之所有權。此所謂善意無過失，係指甲對於A地是屬他人土地、伊占有A地係無權占有一事，為不知情，且甲就其不知情並無過失之謂。
   ⑵若甲於占有A地之始，非屬善意無過失而以所有之意思，經20年

和平、公然、繼續占有，始可時效取得 A 地之所有權。此所謂非屬善意無過失，包括甲對 A 地係屬他人土地、其占有係無權占有一事為明知，或雖不知但係因甲之過失而不知。

本題甲和平公然繼續占有僅逾 15 年，故若甲於占有 A 地之始，並不知悉該地非他人所有，且就該不知並無過失時，則甲符合民法第 770 條規定。惟此時甲僅係取得「請求登記為所有權人」之請求權，並非立即成為 A 地之所有權人，併此敘明。

3. 另依最高法院 68 年臺上字第 1584 號判例要旨：「占有他人未登記之不動產而具備民法第七百六十九條或第七百七十條所定要件者，性質上係由一方單獨聲請地政機關為所有權之登記，並無所謂登記義務人之存在，亦無從以原所有人為被告，訴由法院逕行判決予以准許，此就所有權取得時效之第一要件須以所有之意思，於他人未登記之不動產上而占有，暨依土地法第五十四條規定旨趣參互推之，實至明瞭。」應足認甲雖已取得「請求登記為所有權人」之請求權，但仍不得訴請乙偕同辦理時效取得 A 地之所有權，甲僅須自行單獨向地政機關為時效取得所有權之登記申請即可。

(二)甲訴請丙偕同辦理 B 地地上權取得登記部分

1. 已登記之不動產，無時效取得所有權之適用。惟仍得時效取得地上權。

2. 甲以地上權之意思占有 B 地，指占有土地之始，即以建築物或其他工作物為使用目的之意思而為占有。因甲占有已逾 20 年，故無論甲於占有之初係善意無過失或惡意或善意有過失，均不影響。

3. 惟甲符合時效取得地上權，並非當然成為地上權人，而僅係取得「請求登記為地上權人」之請求權，惟依前開最高法院 68 年臺上字第 1584 號判例意旨，甲應逕向地政機關為時效取得地上權之登記，尚不得訴請丙偕同辦理 B 地之地上權登記。

(三)甲訴請丁偕同辦理 C 地抵押權設定登記部分

1. 抵押權不得為時效取得之標的，甲以時效取得抵押權為由，即顯無理由。

2. 縱認甲丁間交付借款、權狀等情有成立抵押權設定契約之意，因尚未登記，故甲至多僅得有請求抵押權設定之請求權，亦因經過 35 年未行使而使丁得為時效抗辯，拒絕履行抵押權設定之契約。

㈣小　結

1. 如甲於占有 A 地之始，為善意無過失者，則甲取得「請求登記為所有權人」之請求權，惟仍不得訴請乙偕同辦理時效取得 A 地所有權之登記；反之，若甲於占有 A 地之始，非屬善意無過失者，則因甲占有未達 20 年，與時效取得制度未符，自不得為時效取得之主張。

2. 甲於占有 B 地即以地上權之意思為占有，則無論占有之始有無過失，甲皆取得「請求登記為地上權人」之請求權，不因 B 地已登記為限。惟亦不得訴請丙偕同辦理 B 地之地上權登記。

3. 因依抵押權之性質，不以占有為其設定之要件，因此無時效取得抵押權之適用，故甲主張以時效取得抵押權，係顯無理由；又甲與丁間之行為，縱有成立抵押權設定之意思，惟因 35 年未履行，則甲請求丁登記為抵押權人之請求權，亦已罹於時效（此處「時效制度」與本書此部分所提「時效取得」不同，尤應注意）。

例題 3-2-7：不動產物權因時效取得之時點

占有人主張因時效而取得地上權登記請求權者，以已具備時效取得地上權之要件，於民國 99 年 2 月 1 日向該管地政機關請求為地上權登記，地政機關受理後，經土地所有人於土地法第 55 條所定公告期間內提出異議，地政機關乃依同法第 59 條第 2 項規定予以調處，嗣土地所有人不服調處，於接到調處通知後十五日內，於民國 99 年 8 月 31 日提起訴訟，主張占有人為

無權占有，請求其拆屋還地，此際占有人占用該地，有無正當
權源？

☞ 本例題主要涉及判斷不動產物權因時效取得之時點。

不動產用益物權得因時效經過而取得「請求登記為用益物權人之請
求權」，與民法第759條規定於登記前已取得權利之情形不同，已如前述；
而時效取得之人，不因時效屆滿、立即可取得物權之權利，亦詳敘於前。
惟時效取得所有權或用益物權者，究竟於何時成合法之占有權人，實務
上與學說上有不同之看法，分述如下：

一、受理登記階段為準

依最高法院69年度第5次民事庭會議決議：「因時效而取得地上權
登記請求權者，不過有此請求權而已，在未依法登記為地上權人以前，
仍不得據以對抗土地所有人而認其並非無權占有。」因此有論者主張，因
時效經過而取得物權者，至少必須經登記機關（即地政機關）受理並公
告之程序，權利人不服而調處不成而訴訟時，無權利人始可對抗權利人。

另最高法院68年度第13次民事庭會議決議㈢亦認為：「占有人依民
法第七百六十九條、第七百七十條規定，取得所有權時，其未經登記之
原所有權即行消滅（本院二十三年上字第二四二八號判例），蓋取得時效
係依占有之事實而取得權利，並非使原所有人負擔義務。故原所有人並
不負擔『應同意占有人登記為所有人』之義務。條文所謂『得請求登記
為所有人』非謂得請求原所有人同意登記為所有人之意，係指得請求地
政機關登記為所有人；因此，土地法第五十四條規定，占有人得依其一
方之聲請，登記為土地所有人。若地政機關認為不應受理而駁回其聲請，
占有人得依土地法第五十六條規定訴請確認其權利，如經裁判確認，始
得依裁判再行聲請登記。地政機關受理聲請，經審查證明無誤者，應即
公告之（土地法第五十五條），在公告期間內，如有土地權利關係人提出
異議，地政機關應依同法第五十九條第二項規定予以調處，不服調處者，

應於接到調處通知後十五日內向司法機關訴請處理，逾期不起訴者，依原調處結果辦理之。此項登記程序為地政機關執掌業務，自無從以判決代之。又依時效取得不動產他項權利之占有人，亦得單獨向地政機關申請辦理登記，其理由為㈠此乃民法第七百七十二條準用同法第七百六十九條、第七百七十條規定之當然結果，㈡此際原所有人亦不負協同占有人取得他項權利之義務，㈢依內政部 67、4、3、台內地字第七九〇八〇號函，亦認為依時效取得地上權者，得單獨聲請為地上權之登記。足徵，地政機關處理此類事件並無困難，司法機關自不必多所瞻顧而持相反之見解。基於以上理由，可知依時效經過而取得不動產所有權或他項權利之人，不能以原所有人為被告，起訴請求協同其登記為所有人或他項權利人。」由上，應認因時效經過而取得用益物權之程序方式，並非直接訴請法院確認因時效取得之用益物權存在，而係直接向地政機關提出申請。

惟最高法院 80 年度第 2 次民事庭會議亦作成決議：「占有人因時效而取得地上權登記請求權者，以已具備時效取得地上權之要件，向該管地政機關請求為地上權登記，如經地政機關受理，則受訴法院即應就占有人是否具備時效取得地上權之要件，為實體上裁判。本院六十九年度第五次民事庭會議決議應予補充。」是以因時效經過而取得權利者，於地政機關受理申請時，始成為合法占有人，惟所謂「受理階段」，須占有人之請求，已經地政機關審查無誤，並經公告、通知土地所有人後，土地所有人依法提出異議，地政機關並受理其異議，及占有人之請求應准予登記之調處階段，始屬之；換言之，占有人檢具文件向地政機關提出申請，地政機關認占有人申請文件尚有欠缺而通知補正，因尚未由地政機關實質審查，故尚不屬「受理階段」。

二、申請登記為準

然有部分學者認為，實務以「受理階段」為因時效經過而取得權利者之合法占有權源之時間點，過於嚴苛，應從寬解釋。理由分別為：

1. 占有人於具備時效取得之要件，經合法申請後，即應取得物權，始

符合民法第 769 條、第 770 條之規定意旨，此係法律明文維護之時效制度，且經司法院大法官釋字第 291、451 號作成解釋而受憲法保障，自不應與單純之占有事實等同視之。

2. 況若採嚴格之「受理階段」時，倘地政機關審查與辦理程序有遲延之時，將會影響占有人之權利，對其實不公平。

3. 且地政機關雖有實質之審查權，但無終局之審查權，故以地政機關之審查程序作為占有人是否應受法律保護之要件，實不合理。故認為應以「提出申請」時，占有人即成合法之占有權人，方屬合理。目前實務上就時效經過而取得物權之審查，漸有改採該說之趨勢。

三、本　題

占有人主張因時效經過而取得地上權登記之請求權，既已經調處做成處分，顯然占有人已完成「受理登記」之階段，故已合法取得土地之地上權而具有占有之正當權源，原所有人自不得再訴請占有人拆屋還地。而若採取部分學者認為，應於占有人主張因時效經過而取得地上權登記之請求權，係於提出申請時，即可取得合法占有權源之「申請階段為準」之見解，則占有人於民國 99 年 2 月 1 日提出申請時，因占有人已具正當權源，故原所有人即不得再向占有人訴請拆屋還地。

例題 3-2-8：自行出資建築之建物之物權得、喪、變更

屋頂尚未完全完工之房屋，能否謂為民法第 66 條第 1 項所稱土地之定著物？買受此種房屋之人，是否須辦理移轉登記，始能取得所有權？

本例題主要涉及出資建築之建物，其原始取得不動產所有權之法律意義與地位。

一、自己出資建築建物之物權變動

自己出資建築之建物,屬非依法律行為而原始取得不動產之所有權,故並無民法第 758 條所謂非經登記,不生效力之情形。依最高法院 41 年臺上字第 1039 號判例要旨:「自己建築之房屋,與依法律行為而取得者有別,縱使不經登記,亦不在民法第七百五十八條所謂非經登記不生效力之列。」,故縱使自己並無出資之事實,卻登記為建築執照名義人,嗣建築完成後,亦不因而當然取得建築物之所有權。蓋因申請建築執照,僅為一行政措施,不能單憑起造人之名義,即認定其為建築物之出資建築之人。

而自己出資建築之建物應認其取得所有權之時間點為「建築完成」之時。若由自己出資建築房屋,但該房屋卻遭他人逕為辦理保存登記(即第一次登記),造成出資建築者與登記名義人不同,此時並無第三人信賴登記之情形,即無土地法第四十三條所定登記絕對效力之適用,亦無所謂善意受讓保護之問題,故真正權利人自得在該登記塗銷前,即主張其所有權存在並訴請塗銷該次登記(參最高法院 79 年度臺上字第 1459 號判決要旨)。

又自己出資建築之建物,其於尚未辦理保存登記,即將該建物出賣予他人,依最高法院 67 年度第 7 次民事庭庭長會議決定㈡:「就尚未為保存登記(即土地總登記)之不動產為買賣,買受人不得逕行請求辦理移轉登記。」又依最高法院 74 年度臺上字第 1317 號判決意旨:「就未辦理保存登記之建築物為讓與時,雖因未辦理保存登記致不能辦理所有權移轉登記,該建築物之所有權不能發生讓與之效力,但受讓人與讓與人間非不得約定將該建築物之事實上處分權讓與於受讓人。」,顯係認自己出資建築之建物出賣予他人時,出資者須先辦妥保存登記後,買受人始得為該建物之移轉登記,其結果與民法第 759 條之適用結果相同。惟倘若出資者未先辦理保存登記,而已經將建物交付予買受人,買受人即是取得建物之「事實上處分權」,尚無法取得該建物之所有權。

二、本　題

依民法第 66 條第 1 項所謂定著物，係指非土地之構成部分，繼續附著於土地上，而達一定經濟上目的，並不易移動其所在之物而言。凡屋頂尚未完全完工之房屋，但其已足避風雨，可達經濟上使用之目的者，即屬土地之定著物，屬獨立於土地之外之「物」；而出資建築房屋者，係依法律事實（即出資建築）而取得建物之所有權，自無待登記即可取得該建物之所有權。惟欲處分該建物時，自須辦理移轉登記，始能取得所有權。

如買受人係基於變更建築執照起造人名義之方法，而完成保存登記時，在未有正當權利人表示異議，訴經塗銷登記前，買受人為該房屋所有權之登記名義人，應受法律之保護；但僅變更起造人名義，而未辦理保存或移轉登記時，當不能因此項行政上之權宜措施，而變更原起造人建築之事實，遽認該買受人為原始所有權人。

倘若屋頂尚未完全完工之房屋，其尚不足避風雨，而無法達到經濟上之使用目的者，即非屬土地之定著物，依民法第 67 條，即屬動產，其所有權之變動，自應依據民法第 761 條，關於動產所有權變動之方式為之。

第四章

動產物權的變動

▌第一節▌ 基於法律行為

例題 4-1-1： 動產之單獨行為、契約行為

> 甲將汽車出賣予乙，乙再將汽車出賣予丙，其中㈠甲請其司機
> 將汽車交給乙；㈡丙向乙購買汽車後，乙請甲直接向監理機關
> 把汽車登記為丙後，再請甲直接將汽車交給丙。試分別就㈠及
> ㈡，敘明汽車的物權變動情形。

☀ 本例題主要涉及動產物權變動方式的理解。

動產物權的變動，必須透過物權行為才可以完成。物權行為為法律行為的一種，而法律行為依意思表示的多寡，可分為「單獨行為」、「契約行為」與「多方行為」。因物權行為並無多方行為，謹就「單獨行為」與「契約行為」分別敘述動產物權的物權行為態樣如下：

一、單獨行為

動產物權的權利人，其一方所為的意思表示，即可使物權發生取得、設定、喪失及變更的法律效果。在動產物權之變動上，僅有拋棄行為（民法第 764 條）屬於單獨行為，此部分將於第五章詳細說明，在此不加以贅述。

二、契約行為

㈠意　義

即指動產物權的變動，須契約雙方當事人所為的意思表示，才可使物權發生取得、設定、喪失或變更的法律效果。也就是動產物權的權利人若欲使動產物權發生變動，除權利人的意思表示外，還需另一方的意

思表示，例如，動產物權的權利人想要將動產物權移轉他人，則權利人為讓與人，其將該動產物權為「讓與」的意思表示，而受讓人需向該讓與人為「受讓」該動產物權的意思表示，才屬於「讓與合意」的物權行為，至於雙方的「讓與合意」，有無做成書面，在所不問。

此外，依據民法第 761 條第 1 項的規定：「動產物權之讓與，非將動產交付，不生效力。」，因占有動產為動產物權行為的公示要件，故動產物權的變動，除須「讓與合意」外，還須透過「交付」之事實行為來改變動產之占有，以符合動產物權變動公示性的要求。換言之，交付為動產物權讓與的特別生效要件。

(二)要　件

1.須為有處分權人

以法律行為使動產物權發生變動，須以動產物權之權利人對該動產具有處分權限，始能發生動產物權之變動；倘若物權人於物權行為完成前，其處分權遭受限制或甚至喪失處分權，則其物權行為即難以合法有效，屬效力未定之物權行為。例如：X 將汽車出售予 Y 之前，X 即受破產宣告，其所為之汽車出賣交付予 Y 的行為，即因其無權處分，致 Y 無法因 X 的行為而取得汽車所有權。

另行為人雖係無處分權，卻因其他因素致受讓人取得權利（例如善意受讓），則其物權變動的原因，係因法律規定而非基於法律行為，這是必須要區分清楚的。

2.須有讓與合意

依物權行為而使動產物權發生變動，必須有「讓與合意」；亦即，動產物權人要將該動產物權為出讓，受讓人有同意受讓該動產物權的意思，且動產物權人（讓與人）與受讓人的意思互為表示而一致，即為「讓與意思表示合致」。此讓與的意思表示合致方法，明示或默示皆可（民法第 153 條第 1 項），同時不以書面為必要（民法第 761 條），此與不動產物權的變動須以書面為要件不同（民法第 758 條第 2 項）。

　　參照最高法院 86 年度臺上字第 121 號判決意旨：「……此所謂『受讓』，係指依法律行為而受讓之意，受讓人與讓與人間以有物權變動之合意與標的物之交付之物權行為存在為已足，至受讓動產占有之原因，舉凡有交易行為存在，不問其為買賣、互易、贈與、出資、特定物之遺贈、因清償而為給付或其他以物權之移轉或設定為目的之法律行為，均無不可。」也就是說，不論該物權行為的原因為何，僅須動產物權權利人讓與該權利，而受讓人同意受讓該動產物權即屬之。

　　3.須有「交付」

　　動產物權因雙方的契約行為而發生物權的得、喪、變更，除需具備雙方的意思表示合致外，尚須「交付」，始發生效力；又所謂動產的「交付」，指事實上管領力的移轉，使受讓人對動產取得直接占有，又稱為現實交付，即民法第 761 條第 1 項本文：「動產物權之讓與，非將動產交付，不生效力。」例如，X 向 Y 買 A 車，在 Y 交付 A 車予 X 占有時，X 即為 A 車的所有權人。

　　又交付的種類，除現實交付外，因現代經濟交易活動以分工為常態，物的「交付」時常假手於他人，而非親自為管領力移轉，此種交付稱為「觀念交付」。雖非現實的管領力移轉，但在法律上也屬於「交付」，包括簡易交付、占有改定及指示交付三種。對此，本文將詳述於後。

(三)效　力

　　動產的契約行為效力，在於依動產物權的性質而發生動產物權的創設或移轉的繼受取得，例如 X 出賣冰箱一臺並交付予 Y，Y 因移轉而繼受取得冰箱之所有權，X 則相對喪失冰箱的所有權；又 X 將其所有的汽車設定動產質權並將汽車交付予 Y 占有，Y 因創設而取得動產質權，但 X 的動產物權並未因此喪失。

　　依法律行為而繼受取得動產物權，固然可依前手的物權行為而取得動產物權，但本於繼受取得的法理，也須同時繼受前手物權權利的瑕疵，除非法律別有規定，例如善意受讓，方無瑕疵的繼受問題。

三、本　題

　　依民法第 761 條第 1 項規定，動產物權的讓與，非經交付不生效力。惟因經濟活動的擴大，在現實交付的情形下，亦有可能假手他人，代替交付的情形，例如：

㈠藉由占有輔助人的交付

　　依民國 99 年 2 月 3 日修正、同年 8 月 3 日施行的新修正民法第 942 條規定：「受僱人、學徒、家屬或基於其他類似之關係，受他人之指示，而對於物有管領之力者，僅該他人為占有人。」則占有輔助人係為他人而為占有，並非法律上所稱的「占有人」，故若 A 賣車予 B，而請其司機 C 將車交付予 B，此時 C 司機即為占有輔助人，故 C 受甲的指示而將汽車交付乙，仍屬甲交付予乙，故該汽車所有權的變動，係因甲的交付而變成乙所有。

㈡藉由被指令之人所為的交付

　　如甲將汽車出賣予乙，乙將汽車出賣予丙，乙並指示甲將汽車交付予丙，由外觀來看，甲將汽車交付丙乃單純受乙指示為之，甲未必得知乙丙間之法律關係；惟汽車之物權變動，實際上為乙先取得汽車之所有權，以消滅甲對乙依民法第 348 條之義務，後使丙取得汽車的所有權，以消滅乙對丙以依民法第 348 條的義務，雖甲係直接將汽車交付丙，然乙亦取得汽車的所有權，此為學理所稱的「法律之瞬間時點」。

　　由上，則本題分別假設下述的二種情形，分別說明其汽車所有權變動的情形：

　1.甲請其司機將汽車交給乙的情形

　　甲將汽車出賣予乙，甲乙間之買賣契約因雙方之意思表示合致而發生效力，故甲依民法第 348 條規定，負有交付汽車並使乙取得汽車所有權的義務，又因汽車為動產，依民法第 761 條第 1 項的規定，甲乙間除

就汽車有讓與合意外，甲因交付而使汽車的所有權發生變動。

而由甲的司機將該車交付乙，在法律上等於是甲本人將汽車交付乙，則汽車所有權因甲與乙間讓與合意及交付的行為，發生所有權變動，該車的所有權由甲所有變成乙所有。

2. 丙向乙購買汽車後，乙請甲直接向監理機關把汽車登記為丙，再請甲直接將汽車交給丙的情形

汽車是動產，汽車的買賣，雖經監理機關為過戶的移轉登記，然此僅為行政管理問題，並不發生物權移轉的效力（參最高法院 71 年度臺上字第 3923 號判決要旨），故乙有無取得汽車所有權，並不因有無經監理機關登記而受影響。

甲出賣汽車予乙後，乙再將汽車出賣予丙，乙並請甲直接向監理機關將汽車登記名義人為丙，與汽車所有權的變動無關，合先敘明；又乙再請甲直接將汽車交給丙，依「法律之瞬間時點」的觀點，當甲將汽車交付丙時，汽車所有權先從由甲所有變成乙所有的同時，再從由乙所有變成丙所有。因此，乙仍曾取得該車所有權，僅是在取得的同時，又因將該車所有權移轉予丙而喪失而已。

例題 4-1-2：動產之簡易交付

甲出租 A 車一部予乙，嗣後甲將 A 車出賣予乙，請問：A 車所有權的變動情形？若將 A 車改為 A 屋時，所有權的變動有何不同？

本例題主要涉及對簡易交付的了解，故先將簡易交付的相關概念予以介紹如下：

一、簡易交付

依民法第 761 條第 1 項但書規定：「但受讓人已占有動產者，於讓與合意時，即生效力。」，此即所謂「簡易交付」。參看最高法院 83 年度臺

上字第 1973 號判決：「民法第七百六十一條第一項所謂『受讓人已占有動產者，於讓與合意時，即生效力』，係指受讓人已先占有動產，爾後讓與人與受讓人間始發生讓與之合意者而言，乃為顧及交易手續的便捷與經濟，法律明定只須當事人有讓與合意，即生動產變動的效力，無須再為現實交付。」即指在受讓人已先占有動產的情況下，之後讓與人與受讓人就動產物權發生讓與合意時，即可發生動產物權變動的效力，而無庸再為動產標的物本身的移轉占有。

例如，X 向 Y 借 A 車，Y 交付 A 車予 X，使 X 取得 A 車的占有，X、Y 間成立使用借貸的法律關係；嗣後，X 向 Y 表示欲購買 A 車，因為在 X 向 Y 表示欲購買 A 車前，Y 已將 A 車交付 X 占有，故 Y 僅需同意讓與 A 車所有權並與 X 達成 A 車所有權移轉的讓與合意，X 即取得 A 車所有權，此即為「簡易交付」。在此種情況，Y 無需實際上先取回 A 車，再將 A 車交付予 X，僅需與 X 達成讓與合意即可發生 A 車動產物權的變動。

二、本　題

㈠甲出租 A 車予乙的情況

甲出租 A 車予乙，甲因交付 A 車而使乙可實際管領 A 車，並使乙成為 A 車的現占有人（直接占有人），然而甲仍為 A 車的所有權人。嗣甲將 A 車出賣予乙，由於乙已占有 A 車，故依民法第 761 條第 1 項但書的「簡易交付」，甲乙間僅須有讓與 A 車所有權的合意，即可使乙取得 A 車所有權，而使甲喪失 A 車所有權。

㈡甲出租 A 屋予乙的情況

甲所出租者若為 A 屋，並交付 A 屋予乙使用，則甲因交付而使乙可實際管領 A 屋，並使乙成為 A 屋的現占有人，而甲仍為 A 屋所有權人。嗣甲將 A 屋出賣予乙，而 A 屋為不動產，依民法第 758 條規定，依法律

行為而使不動產物權發生變動，須用書面且非經辦理不動產所有權移轉登記，不生效力，故甲應將 A 屋辦理移轉登記予乙時，乙始可取得 A 屋所有權。故題示情形，甲僅與乙就 A 屋達成讓與合意，但尚未登記，故尚未發生 A 屋所有權變動的效力。

由上可知，不動產物權變動的公示原則，與動產物權的變動不同，不動產物權之變動以「登記」為要件，故不動產物權不因「簡易交付」即可發生不動產物權變動的效力。

例題 4-1-3: 動產之占有改定

甲出賣 A 車予乙之同時，亦向乙借用 A 車一個禮拜，乙同意；嗣甲另將 A 車再出賣並交付予丙，問 A 車所有權之變動情形。

☙ 本例題主要涉及對占有改定的了解，故先將占有改定的相關概念予以介紹如下：

一、占有改定

依民法第 761 條第 2 項規定：「讓與動產物權，而讓與人仍繼續占有動產者，讓與人與受讓人間，得訂立契約，使受讓人因此取得間接占有，以代交付。」，此即所謂「占有改定」。占有改定係「代替現實交付」，也就是說，若得依占有改定移轉動產物權，即無庸再為現實交付，動產物權即發生變動。例如，X 向 Y 買 A 車，Y 復向 X 租用 A 車，A 車雖一直由 Y 現實占有中，然而 X、Y 雙方除訂立買賣契約外，可經由再訂立「足以使甲取得間接占有」之契約，如使用借貸契約、租賃契約等，以使 X 取得對 A 車的間接占有，即係以「占有改定」的方式，代替 A 車的現實交付。

以「占有改定」而代替現實交付者，須出賣人為使買受人取得動產物權，除訂定買賣契約外，雙方必須再訂立另一契約，而該契約係「足以使買受人因而取得動產標的物的間接占有」時，才符合「占有改定」而

發生動產物權變動之法律效果。而欲使買受人取得標的物的間接占有，要件有二：其一，必須有「占有媒介」的法律關係存在，如借貸契約（民法第 464 條）、租賃契約（民法第 421 條）等；其二，必須對直接占有人具有返還請求權，如借用物返還請求權（民法第 470 條）、租賃物返還請求權（民法第 455 條）等。

依最高法院 87 年度臺上字第 1262 號判決意旨：「動產物權之讓與，非將動產交付，不生效力，民法第七百六十一條第一項前段定有明文。而以占有改定之方式代替現實交付，使受讓人取得動產物權，必須讓與人與受讓人訂立足使受讓人因此取得間接占有之契約，始足當之。如僅單純約定讓與人為受讓人占有，並無間接占有之法律關係存在，尚不成立占有改定，其受讓人即不能因此取得動產物權。」足見「占有改定」並非單純約定由買受人（即受讓人）繼續占有即可發生動產物權的變動，而是買賣雙方必須再成立另一契約而使買受人（即受讓人）成為動產標的物的間接占有人，始屬「占有改定」而得以代替現實交付而發生動產物權之變動。

二、本 題

甲出賣 A 車予乙，甲負有交付 A 車及使乙取得 A 車所有權的義務（民法第 348 條第 1 項）；而甲又同時向乙借用 A 車一個禮拜，乙同意，因此甲乙間除了成立買賣契約之外，又再另成立使用借貸契約（民法第 464 條），故 A 車所有權因甲乙間的讓與合意及另成立使用借貸契約而使乙取得 A 車的間接占有，是 A 車雖未現實交付，但其所有權已因「占有改定」而移轉於乙。乙已成為 A 車所有權人，而甲已喪失 A 車之所有權。

嗣甲另將 A 車出賣並現實交付予丙，因負擔行為不以有處分權為限，故甲丙間之買賣契約不因甲非 A 車所有權人而受影響，該買賣契約仍為有效；然而，因甲已非 A 車所有權人而無處分 A 車的權限，故甲丙間就 A 車所有權的讓與合意與交付，因甲無權處分而效力未定（民法第 118 條），若丙知悉甲係無權處分（即丙為惡意），則該次動產物權變動，需

待 A 車所有權人即乙承認後，始生效力。於乙承認前，A 車所有權並未再發生變動。

然若丙為善意不知悉甲非 A 車所有權人而無 A 車處分權限，此時丙即是「善意受讓人」，則丙得依民法第 801 條、第 948 條之善意受讓規定而取得 A 車所有權；而乙因丙於受讓 A 車時，因丙為善意不知悉甲為無權處分而取得 A 車所有權致乙喪失 A 車所有權，乙僅得向甲請求債務不履行或侵權行為之損害賠償（有關「善意受讓」部分，將於後例題 4–2–6，加以詳述）。

例題 4-1-4：動產之指定交付

甲所有一臺相機，甲將相機出租予乙後，並出售予丙，而相機為他人竊走，此時甲仍得否以讓與相機的返還請求權予丙以代替交付?

本例題主要涉及對指示交付的了解，故先將指示交付的相關概念予以介紹如下：

一、指示交付

依第 761 條第 3 項規定：「讓與動產物權，如其動產由第三人占有時，讓與人得以對於第三人之返還請求權，讓與於受讓人，以代交付。」，此即所謂「指示交付」。指示交付亦係「代替現實交付」，也就是說，若得依指示交付而讓與對第三人的返還請求權，即無庸再為現實交付，動產物權即發生變動。例如，Y 借 A 車予 Z，嗣後 Y 將 A 車出賣予 X，此時因 A 車由第三人即 Z 現占有中，而 Y 對於該第三人有借貸物返還請求權（民法第 470 條），故 Y 得讓與對 Z 之借貸物返還請求權予 X，以代替交付，又稱為「指示交付」。在學理上，又稱為「讓與返還請求權」或「返還請求代位權」。

而所謂讓與對第三人返還請求權，兼指債權的返還請求權與物權的

返還請求權，例如，讓與人係間接占有人（如出租人）時，得基於占有媒介的法律關係（如租賃）所生的債權返還請求權（如民法第 455 條之租賃物返還請求權）讓與受讓人，以代交付。則受讓人取得讓與人的返還請求權時，即依民法第 761 條第 3 項規定而取得該動產的所有權時，也可以行使民法第 767 條的物上請求權。雖然，民法第 767 條包括所有物返還請求權、所有物妨害除去請求權及妨害防止請求權等三種物上請求權，固不得與所有權割裂而單獨讓與，惟並不表示民法第 761 條第 3 項指示交付的「返還請求權」不包括物上請求權。

依最高法院 84 年度臺上字第 2416 號判決意旨：「物之交付，不以現實交付為限，依民法第七百六十一條第三項規定，指示交付亦包括在內，此規定於占有之移轉亦準用之（民法第九百四十六條參照）。故買賣標的物房屋，如由第三人無權占有時，出賣人得以對於第三人之所有物返還請求權讓與買受人，以代現實交付，此與所有人將民法第七百六十七條所定物上請求權，與所有權脫離，而單獨將物上請求權讓與之情形，尚屬有間。」

亦即，民法第 767 條物上請求權仍屬民法第 761 條第 3 項「返還請求權」之列，此乃讓與人因標的物遭第三人無權占有而得行使民法第 767 條物上請求權時，基於與受讓人成立買賣契約與物權之讓與合意，將物上請求權讓與受讓人，受讓人即可取得動產標的物的所有權，則該受讓人自可本於所有權人的地位而行使民法第 767 條物上請求權，其行使結果並未造成「物上請求權與所有權割裂」之故。也就是說，指示交付的讓與返還請求權，除指債權返還請求權外，也應包括物權返還請求權。

二、本　題

甲先將相機出租予乙，嗣再將相機出售予丙，依民法第 761 條第 3 項規定，甲可將其對乙要求返回相機的租賃物返還請求權（民法第 455 條）讓與丙，以代交付，而發生相機（動產）物權變動相機的法律效果。

而今相機已遺失，甲既不知竊賊為何人，則是否可將對竊賊的所有

物返還請求權（民法第 767 條前段）為讓與，以代交付，固有疑義，惟通說認為，所有物返還請求權的行使，雖以所有物的現占有人為請求對象，但並非謂請求對象尚未特定即無此請求權；換言之，所有物返還請求權的發生，並不以知悉請求對象為限，實無自我設限而此情形排除於民法第 761 條第 3 項指示交付之外。

故即令動產遭他人竊取而不知竊賊為何人，仍不妨礙甲讓與物上請求權予丙而代交付，而使丙取得相機之所有權。

例題 4-1-5：因代理行為所生之動產變動

甲於乙處花費 50 萬元購買古董一只，丙得知後，隨即授與代理權予丁，要其以 100 萬元向甲購買該古董，丁雖向甲表示丙欲購買該古董，但向甲告稱，該古董乃贗品，只是該贗品製作算精緻，故丙願意以 30 萬元加以購買，甲因而陷於錯誤而同意並將該古董交付予丁，丁再將古董轉交予丙。請問：㈠古董物權的變動情形如何？㈡若甲日後得知乃受丁的欺騙，得否向丙請求返還該古董？

本例題主要涉及對直接代理與間接代理的了解，故先將二者的概念，介紹如下：

一、動產物權透過代理而發生變動，實為現今分工社會的常態。代理，以代理行為是否呈現本人名義，可分為直接代理與間接代理

㈠直接代理

依民法第 103 條第 1 項規定：「代理人於代理權限內，以本人名義所為之意思表示，直接對本人發生效力。」又依最高法院 55 年臺上字第 1054 號判例意旨：「代理僅限於意思表示範圍以內，不得為意思表示以外之行

為，故不法行為及事實行為……不得成立代理」，可知代理乃係代理人以「本人名義」所為意思表示或所受意思表示，而直接對本人發生法律的效果，又稱直接代理。

代理的標的限於意思表示，故債權行為與物權行為均得為代理，例如，X 授與代理權予 Y 出賣其所有的名牌大衣，Z 欲購買，而 Y 以 X 的名義與 Z 成立買賣契約，該買賣契約之法律效果係存於 X、Z 之間，固無疑問；而該大衣所有權的變動，物權行為讓與合意固得為代理，然應該如何交付？交付能否代理？則不無疑問。

其中，占有改定或指示交付，均係買受人（受讓人）與出賣人（讓與人）間於買賣之外，另為「足以使受讓人取得間接占有」契約的意思表示，或由出賣人另為「讓與對第三人之返還請求權」與受讓人的意思表示，故均得為代理；而簡易交付係成立買賣契約之前即已由受讓人占有動產標的物，自無須再為交付，故無「交付能否代理」之疑問。

然而，現實交付必須由所有權人即現占有人，將動產標的物的現實管領力移轉予受讓人，屬於事實行為，依民法第 103 條的規定及上開 55 年臺上字第 1054 號判例意旨，自無代理的適用。是除本人直接將動產標的物交付受讓人之外，僅得藉由占有輔助人或是占有媒介人為之，但此已不屬於「代理」的行為。亦即依上例之情，乙代理甲出賣大衣與丙，實際是甲丙為交易行為，然乙自無法代理甲以「現實交付」方式將大衣交付與丙。

㈡間接代理

間接代理乃指代理人以「自己名義」，為本人為法律行為，例如 X 交付 A 車給 Y，委任 Y 以自己名義出售，而 Z 有意購買 A 車，Y 則以自己之名義出售 A 車，買賣契約的當事人為 Y 及 Z，買賣契約存在於 Y、Z 間，其效力不及於 X。

此時，有關 A 車所有權的移轉，因 Y 已取得 X 的授權而為處分，故 Y 非無權處分，Y、Z 間就移轉 A 車所有權之讓與合意為有效；而關於機

車的交付部分，於 X 交付機車予 Y 時，即成立占有媒介的法律關係，Y 為直接占有人，Y 自得將 A 車現實交付予 Z，而使 Z 取得機車的所有權。

另間接代理與「隱名代理」不同，依最高法院 91 年度臺上字第 2461 號判決意旨：「代理人與第三人為法律行為時，雖未以本人名義為之，但有為本人之意思，且此項意思為相對人所明知或可得而知者，為隱名代理，仍發生代理之效果。」隱名代理仍發生「法律效果歸屬本人」之效力，此與間接代理之法律效果不及於本人大相徑庭。

二、本　題

(一)古董所有權的變動情形

丁以丙的名義向甲購買古董，故該買賣古董的法律效果直接歸於本人即丙，故買賣契約係成立於甲丙間，丙丁間屬於直接代理。甲丁間就該古董所有權移轉的讓與合意，其法律效果也歸於丙；而甲將古董交付予丁，雖交付為事實行為、不得代理，但亦得透過在丙丁間成立之占有媒介關係（如委任契約），使丙為間接占有人，丁為直接占有人，是丙得因此而取得該古董的所有權。

(二)甲若知遭丁詐欺，得否向丙請求返還古董

依民法第 92 條第 1 項規定：「因被詐欺或被脅迫而為意思表示者，表意人得撤銷其意思表示。但詐欺係由第三人所為者，以相對人明知其事實或可得而知者為限，始得撤銷之。」故詐欺由第三人所為者，固得撤銷，但以相對人明知或可得而知表意人係被詐欺者為限，才可以撤銷。然而，因詐欺係屬不法行為，依最高法院 55 年臺上字第 1054 號判例意旨，詐欺行為不得成立代理，故當代理人為詐欺者時，是否屬民法第 92 條第 1 項但書之「第三人」？確有疑義。

然所謂代理，依民法第 103 條規定，僅是代理人所為的法律效果歸屬於本人而已，然實際的行為人為代理人，故倘若代理人（如丁）詐欺

相對人（如甲）而獲得的法律效果（如成立古董買賣契約），其法律效力
固歸屬於本人（如丙）；然對於被詐欺人即甲而言，實際與其行為之人仍
係丁而非丙，則甲因而被丁詐欺而為意思表示（同意出賣古董）的對象
即係丁而非丙，故丁並非民法第 92 條第 1 項但書所謂的「第三人」，則
甲並不受該條但書的限制。故甲得以遭代理人丁詐欺為由，向本人丙行
使古董買賣及物權變動的撤銷權，並不以丙須非明知或非可得而知甲遭
丁詐欺之情事為限；換言之，無論丙是否知悉甲係遭丁詐欺，甲皆得以
遭丁詐欺為由，向丙撤銷其意思表示。

例題 4-1-6： 各種動產物權之變動

試分別說明動產的各種物權變動情形。

本例題涉及動產的各種物權變動，包括可能涉及所有權的變
動、質權的變動及留置權的變動，茲說明如下

一、動產所有權的變動

動產所有權的移轉，除須有讓與合意的意思表示外，尚須經交付，
才發生動產所有權移轉的效力。並得依簡易交付（民法第 761 條第 1 項
但書）、占有改定（同條第 2 項）及指示交付（同條第 3 項）代替現實交
付。此三種代替現實交付者，因實際上並無交付的現實行為，故又合稱
「觀念交付」。

二、動產質權的變動

依民法第 885 條規定：「質權之設定，因供擔保之動產移轉於債權人
占有而生效力。質權人不得使出質人或債務人代自己占有質物。」顯然質
權人必須直接占有質物，才發生質權設定的效力，

參酌最高法院 56 年度臺上字第 1103 號判決意旨：「質權之設定，以
移轉質物於質權人占有，為其生效要件，質權人不得使出質人代自己占

有質物。故關於讓與動產物權，而讓與人仍繼續占有動產者，讓與人與受讓人間得訂立契約，使受讓人因此取得間接占有，以代交付之規定，於質權之移轉占有，不得準用。」亦即，未使質權人占有標的物的簡易交付，無法發生動產質權之變動。

三、留置權的變動

依民法第 928 條規定：「稱留置權者，謂債權人占有他人之動產，而其債權之發生與該動產有牽連關係，於債權已屆清償期未受清償時，得留置該動產之權。」則留置權亦以占有留置物為要件，必須占有動產而始發生留置權的效力，惟留置權係法定物權，係因符合法律的要件而產生，並無移轉、設定的情形。

┃第二節┃ 基於非法律行為

按動產物權基於法律行為的原因而發生變動，以「交付」為其公示方式，然若動產物權基於非法律行為的原因而發生變動時，如何表現其公示方式？就民法物權編未對動產物權如同不動產物權有例示的明文規定（民法第 759 條），但由物權的一般原則可以得知，物權主體對物權客體有支配權，而支配權的表現即是對物有事實上的管領力，意即占有的表現；又從民法規定無主物先占（第 802 條）、拾得（第 803 條）、埋藏物的發見（第 808 條）、動產時效取得（第 768 條），均是以占有動產為前提，並具備一定的要件後，取得動產物權，而上述規定，均是因事實行為而取得動產物權，故可歸納出非因法律行為之原因，而取得動產物權者，必須以占有該動產為前提，非基於法律行為而取得者，非經取得該動產的占有，不得處分該動產物權。

就動產物權的取得，非因法律行為而取得者，與不動產物權相同，有因繼承、或以自己之勞動所創造而取得者，亦有因善意取得、先占、遺失物的拾得、埋藏物的發見、添附行為而取得者，由於善意取得、先

占、遺失物的拾得、埋藏物的發見、添附均非為常見的取得原因，此五種取得原因均屬動產所有權人的原始取得，而因繼承、或以自己的勞動所創造而取得者反而常見，且均為既受取得，況繼承部分已於繼承編有規定，故毋庸於物權編再行規定。

例題 4-2-1： 動產物權之時效取得

甲於民國 99 年 8 月 10 日拾得乙遺失的手錶乙隻，未為通知、揭示或報告警察、自治機關，則甲於何種情況下（法律行為除外）可取得該手錶的所有權？

本例題涉及動產所有權的取得方式，而時效取得為其中一種，茲說明如下：

一、時效取得

時效取得，係指無權利之人，占有他人的物品，因一定時間的經過，依法律的規定取得所有權或其他財產權的制度。因取得時效完成而取得他人物品的所有權，由於係法律規定而發生，故屬於具有法律上之原因而受有利益，自無不當得利的問題。

依最高法院 92 年度臺上字第 2713 號判決意旨：「時效取得……須物之占有人，無任何法律權源而為物之占有，始得以所有之意思繼續占有一定期間之狀態事實，依法律規定之時效取得該占有物之所有權。倘物之占有人，係基於債權關係或物權關係而占有，自無適用時效取得之法律規定之餘地。蓋物之占有人，如出於一定之基礎權源，其對該物之占有，無論以行使何項權利之意思占有，其繼續一定期間之占有之事實狀態，仍應受其基礎權源法律關係之規範，不應適用時效取得之制度，而破壞原規範之法律效果。」也就是說，如果占有人與該動產間存有其他任何之占有基礎權源，無論是債權或物權關係，均無適用時效取得制度，必須自始無任何占有基礎的權源，才有時效取得制度的適用餘地。

二、動產所有權的時效取得

(一)民法規定

依民法第 768 條規定：「以所有之意思，十年間和平、公然、繼續占有他人之動產者，取得其所有權。」為動產所有權的一般取得時效取得；而民法第 768 條之 1 規定：「以所有之意思，五年間和平、公然、繼續占有他人之動產，而其占有之始為善意並無過失者，取得其所有權。」則是特別情況下的動產所有權短期時效取得。

(二)要　件

1.須無權占有

依最高法院 92 年度臺上字第 2713 號判決意旨，時效取得必須占有人無任何法律權源而占有該物。

2.自主占有

自主占有係指須以自己所有意思而占有。亦即，無權利人必須以所有人自居，而為占有、管理該物；如租賃契約的承租人，雖係占有標的物，但其占有租賃物並非以自己所有的意思而占有，欠缺自主占有之意思，而屬他主占有。

3.須和平占有

即指開始及保存占有之際，均不以暴行、脅迫的方法為之，且在占有期間並未遭人追訴。

4.須公然占有

占有之事實狀態，並非隱匿，而得以共見的方法為之占有，始有對占有加以保護之必要。

5.須繼續占有

自占有事實發生起無中斷的情形，如占有人有變為不以所有的意思而占有、變為非和平或非公然占有、自行中止占有、非基於自己的意思

而喪失其占有時，其所有權的取得時效中斷。若非基於自己的意思而喪失其占有，而依第 949 條或第 962 條規定回復其占有者，不在此限。另依第 767 條規定起訴請求占有人返還占有物者，占有人的所有權取得時效亦因而中斷（參民法第 771 條）。

6.須為他人的動產

即占有的物品，原來為他人所有，占有人並非物的所有權人。

7.特別取得時效

占有一開始必須為「善意無過失」，才有短期的取得時效的適用，此為民國 98 年 1 月 23 日民法物權編所增修，其修正理由略以：……原動產物權的時效取得，並未區分占有之始是否善意並無過失，一律適用五年的時效期間，與不動產所有權取得時效以是否善意並無過失，規定不同期間，不盡一致。且參諸外國立法例及為期動產所有權取得時效與不動產所有權取得時效的體例一致，並期衡平，明定以所有的意思，五年間和平、公然、繼續占有他人的動產，而其占有之始為善意並無過失時，取得該動產所有權。

㈢效　力

時效取得的時效完成後，動產占有人即取得該動產的所有權，此與不動產時效取得制度僅取得登記請求權不同。且依時效取得所有權，不是基於他人既存的權利而為取得所有權，故性質上屬於原始取得，故原所有權人在占有人時效取得所有權時，其所有權即歸於消滅，而該動產上原有之物上負擔亦同消滅。

三、動產定限物權的取得時效

依民法第 772 條規定：「前五條之規定，於所有權以外財產權之取得，準用之。」惟由於動產定限物權的性質均不相同，是否均有適用，分述如下：

(一)質　權

質權屬於擔保物權的一種，當主債權不存在時，質權即不存在，此乃擔保物權的從屬性使然。然於主債權存在時，若依民法第 886 條規定，動產的受質人占有動產，而受關於占有規定加以保護時，縱出質人無處分其質物的權利，受質人仍取得其質權。是當有發生動產質權善意受讓的情形，占有人即取得質權，不必再主張時效取得。

然而，時效取得與善意受讓制度不同，時效取得僅從占有方為判斷是否符合時效取得要件，而善意受讓則需出質與受質的雙方當事人皆有設定質權的意思，二者並不同；且依民法第 772 條準用第 768 條規定，質權人縱然是惡意，亦有時效取得質權的適用實益。

因此，倘無出質權利的人為設質行為，若受質人為善意不知情者，則得直接取得質權而無需再適用時效取得；惟若受質人為惡意知情者，則仍可適用時效取得制度。

(二)留置權

依民法第 928 條第 1 項規定，謂債權人占有他人的動產，而其債權的發生與該動產有牽連關係，在債權已屆清償期未受清償時，得留置該動產的權利，故留置權本係因法律規定而取得的物權，自然無庸再藉由時效取得制度以取得留置權的必要。

四、本　題

甲所拾得手錶，既為乙所有，故非無主物，甲自不可能因占有而取得手錶所有權（民法第 802 條）；又甲於拾得時未通知、提示或報告警察、自治機關，亦無從依遺失物拾得而取得所有權（民法第 807 條）。而從甲拾得手錶卻未通知、提示或報告警察、自治機關，應可認為甲對該手錶有自主占有的意思。

亦即，甲基於所有的意思而自主占有該手錶，若明知為他人遺失物，

則屬惡意占有，則當甲占有該手錶期間為和平、公然、繼續占有 10 年時，甲可取得手錶的所有權。而若甲於拾得手錶之初，不知該錶為他人所有而屬善意無過失時，則當甲占有該手錶期間為和平、公然、繼續占有 5 年時，甲即取得手錶的所有權。

例題 4-2-2： 動產之先占

甲丟棄其不用的原子筆於垃圾桶，乙以所有的意思加以占有，甲得知其事，得否向乙請求返還？

本例題涉及無主物的先占、遺失物的拾得及埋藏物的發見，故先將三者相關概念，介紹如下：

一、無主物先占

所謂無主物先占，係指對於無人所有之物，先行占有者即可取得該物的所有權，又稱「先占制度」。先占制度自古各國皆有之，可分為「自由先占主義」及「先占權主義」。自由先占主義，係任何先占者，皆可因先占而取得該無主物的所有權；而先占權主義，需有先占權者，才可因先占而取得無主物的所有權，若無先占權之人，即不得因先占而取得該無主物的所有權。

依民法第 802 條規定：「以所有之意思，占有無主之動產者，除法令另有規定外，取得其所有權。」，可見我國就動產係採自由先占主義，亦即任何人對於無主之動產，皆可因先占而取得該無主動產之所有權。

惟依我國法令，不動產是否亦有先占以取得所有權？依土地法第 10 條規定，中華民國領域內之土地，屬於中華民國人民全體，其經人民依法取得所有權者，為私有土地。私有土地所有權消滅者，為國有土地。是土地無法因先占而取得所有權。至於定著物，依民法第 1185 條之規定可知，縱然不動產無繼承人，該不動產亦歸國庫所有，無法成為先占之標的。

二、遺失物的拾得

遺失物係原權利人並無拋棄權利的意思,而喪失其所持有物之謂也。遺失物並非無主物,故拾得遺失物的人,應通知所有人返還其遺失物,不得據為己有。民法第 803 條即規定,拾得遺失物者應從速通知遺失人、所有人、其他有受領權的人或報告警察、自治機關,而報告時,應將其物一併交存。若拾得人是向機關、學校、團體或其他公共場所報告時,即應公告一定期限為招領,如公告期間無人招領,即應報告警察或自治機關。

自通知或最後招領之日起六個月內,遺失者發現,應先清償通知、招領及保管的費用,才可取回遺失物(民法第 805 條第 1 項);且拾得人亦得請求報酬,惟報酬不得超過遺失物的財產價值之十分之三(民法第 805 條第 2 項)。若遺失物自通知或最後招領之日起逾六個月未經有遺失者認領時,則由拾得人取得所有權(民法第 807 條第 1 項)。

三、埋藏物的發見

所謂埋藏物,係指永年埋沒於他物之中,不知其所有人的動產,由於發見埋藏物屬一事實行為,並非法律行為,故不以所有的意思為必要,只要發見人須有意識能力即可,故民法第 808 條本文規定:「發見埋藏物而占有者,取得其所有權。」又埋藏物屬於第三者所有時,應使其取得半數埋藏物,以保護其所有權,此時其埋藏物應為共有物,使發見人取得埋藏物的所有權,亦即同法但書規定:「但埋藏物係在他人所有之動產或不動產中發見者,該動產或不動產之所有人與發見人,各取得埋藏物之半。」所示。而民法之所以如此規定,乃為使埋藏物的所有人因此樂於支持埋藏物的發見或挖掘,以達到回復經濟價值的目的。但如埋藏物係供學術、藝術、考古或歷史資料者,則該所有權的歸屬,則應另有文化資產保存法的適用,而依特別法的規定,優先適用(民法第 809 條)。

四、本 題

依據民法第 764 條第 1 項及第 3 項的規定，物權因拋棄而消滅，拋棄動產物權時，應拋棄動產的占有。故甲丟棄不用的原子筆於垃圾桶，即有拋棄該原子筆所有權及拋棄該原子筆占有的意思，故該原子筆因甲之拋棄而成為無主物。則乙以所有的意思占有該原子筆，即係無主物的先占，依民法第 802 條規定，乙原始取得該原子筆的所有權，故甲不可以請求乙返還該原子筆。

不過也有少數論者認為，丟棄於垃圾桶的行為，其目的是在經由垃圾處理而銷毀，並不得當然認為是拋棄。惟此論點與一般人民法律感情與生活經驗不合，自不宜遽採。

例題 4-2-3：添 附

甲將其 A 地及 B 屋設定典權予乙，試問：㈠在乙未使用的情形下，丙擅自在 A 地上種植蔬果的物權關係？㈡丁未得任何人同意，為搬入 B 屋獨居而偷戍的油漆，漆於 B 屋牆壁的物權關係？

☀ 本例題主要涉及添附制度的運用，故先將添附的相關內容介紹如下：

添附，乃指附合、混合及加工的總稱，為一物與他物相結合並成為一體的新物，而使其中一人取得新物或兩人共同取得新物的所有權。通常添附使二物的所有權單一化，其所造成的影響，乃新物所有權的歸屬及原二物的所有權人喪失原物所有權及獲得新物所有權的利益調和：

一、附 合

㈠動產與不動產附合

　　依據民法第 811 條的規定：「動產因附合而為不動產之重要成分者，不動產所有人，取得動產所有權。」則動產因附合而由不動產所有人取得該動產的所有權，此乃法律所明定。因若動產的所有權不屬於不動產所有權人所有，將因動產所有權的存續，而有害經濟之虞，例如房屋之瓦，既附合於房屋之上，勢不能使他人復對於其瓦有動產所有權。由於此條文屬法律強行規定，故縱使當事人間自行約定動產所有權人仍保留其所有權，依據民法第 71 條的規定，其約定為無效。

　　分析民法第 811 條的要件，可得如下：

1.須為動產與不動產附合

　　亦即附合者須為動產，被附合者為不動產，而附合的原因為何，是否係出於當事人的行為或第三人行為，在所不問。

2.須動產成為不動產的重要成分

　　所謂重要成分，指兩物結合後，非經毀損或變更其物的性質而不能分離或分離所費過鉅；而不動產的重要成分，係指此種結合具有固定性、繼續性，而未成為另一獨立的定著物而言（參最高法院 84 年度臺上字第 2625 號判決）；或指兩物結合後，非經毀損或變更其物的性質，不能分離者而言，且此種結合，並以非暫時性為必要（參最高法院 87 年度臺上字第 722 號判決）。故如電器照明設備及空調系統，倘不經毀損即輕易可與房屋分離，而不失其獨立性，又於其經濟價值及使用效能不生影響者，自不因附合而成為系爭房屋的重要成分而喪失其所有權；反之，如油漆或裝潢材料，在科技上雖非不能分離，但分離所需費用過鉅，或分離後的殘餘物已無經濟價值（如自牆上將油漆剝離後，即已無法再漆於其他牆上），則油漆或裝潢材料，與不動產相結合後，即屬不動產之重要成分。

3.須不屬同一人所有

　　本條既以言明「不動產所有人，取得動產所有權」可知，動產其附合的不動產須不屬於同一人所有，倘若動產與不動產同屬一人所有，將不可能發生附合的問題。

(二)動產與動產附合

依據民法第 812 條規定:「動產與他人之動產附合,非毀損不能分離,或分離需費過鉅者,各動產所有人,按其動產附合時之價值,共有合成物。前項附合之動產,有可視為主物者,該主物所有人,取得合成物之所有權。」其要件有: 1. 須為不同人所有之動產,同於不動產的附合,二動產均須為不同人所有,若均為同一人所有,即無附合的必要。2. 須非毀損不能分離或分離所需過鉅,所謂「非毀損不能分離或分離所費過鉅之程度」,應就社會經濟觀念,加以判斷。

動產附合後,成為合成物,依據民法第 812 條的規定可以得知,合成物原則上由各動產所有人按動產附合時的價值比例共有之。然若其物從經濟的觀點,有主從的區別時,則由該主物所有人專有(此主從的關係,係從經濟的觀點加以判斷,與民法第 68 條從物的認定要件無關)。由於動產間的附合並未因此消滅其一動產的所有權,故存於動產上的其他權利,即繼續存在,且該權利並擴及於合成物的全部;相反的,當從物的原所有權消滅,其上原存在的權利,自亦歸於消滅。

二、混 合

依據民法第 813 條的規定:「動產與他人之動產混合,不能識別,或識別需費過鉅者,準用前條之規定。」則所謂混合,指二動產混合後均無法辨識的事實行為,例如液體與液體的混合,如牛奶與咖啡混合;固體與固體的混合,如蓬萊米和在萊米的混合。動產混合的要件其混合的效果,均準用動產附合的規定,但動產混合與動產附合仍有不同,前者係不能辨識,而後者係仍能辨識。

三、加 工

(一)意 義

加工者，指在他人動產（即材料）施以工作的事實行為。依民法第814條規定：「加工於他人之動產者，其加工物之所有權，屬於材料所有人。但因加工所增之價值顯逾材料之價值者，其加工物之所有權屬於加工人。」乃是在他人動產即材料，施以工作後而成為加工物，該加工物的動產所有權歸屬的規定。

(二)要　件

1.加工標的物限於動產

依民法第814條之規定，僅規定加工標的為「動產」。不動產並無此條文之適用。

2.加工的材料須為他人所有

加工標的物即材料之所有權人，與加工人須為不同人，如皆為同一人，即無加工問題。至於加工的工作是否完成、材料是否為原料或半成品，均在所不問。

3.須有加工行為

所謂加工行為，亦即使材料與加工標的物結合，成為加工物的勞動行為。

4.因加工而成為新物

何謂新物（即加工物）？應依社會交易觀念加以認定，例如：將棉花織成衣物、將黃豆磨成豆漿、將豬肉做成肉鬆或將大理石雕刻成藝術品等。

(三)效　力

加工後的動產其所有權，原則上由材料所有權人取得，倘若因加工所增的價值顯然逾越材料的價值，其加工物的所有權，即屬於加工人，例如將陶土燒成精美的瓷器（民法第814條）。

四、添附的求償關係

由於附合、混合、加工而喪失所有權的人，得向取得新物的所有權人，依關於不當得利的規定，請求償還所得的利益（民法第816條）。由於取得新物的人，與附合、混合、加工而喪失所有權者間並未有基礎的法律關係，乃因添附之事實行為而取得所有權，係屬無法律上的原因而得到利益，為平衡喪失權利之人所受的損害，故得依據不當得利的規定加以請求。

本條所謂「依不當得利之規定請求」所指，究竟係適用不當得利之構成要件？抑或僅適用其法律效果？查民法第816條的規定，旨在揭櫫依同法第811條至第815條因添附喪失權利而受損害者，取得所有權者係無法律上原因而得到利益，受損害者可依不當得利法則而向受利益者請求償金，故準用範圍應包括不當得利的構成要件。

易言之，此項償金請求權的成立，除因添附而受利益致他人受損害外，尚須具備不當得利的一般構成要件，才有適用。而該條所謂「償金」，應以受損人因添附喪失其所有權時，依其喪失之動產的客觀價值，加以計算，償金計算的準據時點自以該受益者受利益之時為準。

五、本　題

㈠ A 地部分

1. 甲雖將 A 地設典予乙，惟甲仍保有 A 地所有權，則丙擅自在 A 地上種植蔬果，蔬果之種子因種植而成為土地之部分，而蔬果為土地的出產物，依民法第66條第2項規定，蔬果尚未與 A 地分離前，屬 A 地之部分（即重要成分），由土地所有權人甲取得蔬果的所有權。

2. 丙是種植蔬果的行為人，蔬果的種子因種植而成為土地的部分，自因附合而喪失所有權，嗣甲因無法律上的原因，而取得蔬果的所有權利益，故依民法第816條的規定，丙得向甲請求返還甲所受有的利益。

㈡ B 屋部分

1. 丁未得甲或乙或戊任何人的同意，即偷取戊的油漆，並漆於 B 屋牆壁上，此時戊的油漆因附合於甲的 B 屋，由不動產所有權人即甲取得油漆所有權，戊同時喪失油漆的所有權。

2. 戊所有的油漆，因丁油漆行為而附合於 B 屋而喪失所有權，使甲取得該油漆所有權。惟甲戊間並無法律上原因，卻使甲受有取得該油漆所有權的利益，而戊受有喪失油漆的損害，依民法第 816 條規定，丙得向甲請求返還甲受有的利益。

3. 另外，戊因丁擅自油漆的行為，造成戊受有損害，戊也可依據侵權行為而請求丁賠償所受損害乃屬另事，惟非「物權關係」，故不贅述。

例題 4-2-4：動產之附合

> 甲經營中古車買賣，受乙脅迫，贈送時值五十萬元的 A 車與不知情的丙。丙受讓該車所有權之後，即重新烤漆，支出三萬元，裝設音響支出三萬元，更換毀損的輪胎，支出一萬元。一個月後，乙因案被判徒刑，甲乃向丙說明事由，請求返還 A 車。丙表示已於三週前將該車以二十六萬元讓售與丁，並為交付。經查，丁不知甲受脅迫的情事。問甲與丙間的法律關係如何？

本例題涉及民法第 92 條的解讀問題，茲依據本例題，將民法第 92 條的相關議題，介紹如下：

本例題中，甲受第三人乙的脅迫，贈與 A 車與相對人丙，依民法第 92 條第 1 項但書的反面解釋，表意人受第三人的脅迫，無論相對人是否知情，均可撤銷其意思表示，故甲可撤銷贈與 A 車與丙的債權契約及物權契約。

一、甲對丙部分

甲雖撤銷贈與 A 車予丙，則丙將 A 車出賣予丁即為無權處分，然而丁係善意不知情丙係無權處分，則丁得善意受讓而原始取得 A 車所有權，故甲不得依民法第 767 條規定向丙請求返還 A 車所有權。

又甲撤銷與丙間之贈與關係，丙無法律上的原因而受有 A 車的利益，故甲得依民法第 179 條規定請求丙返還 A 車，然丙已將 A 車出賣予丁，依民法第 181 條但書規定，丙無從返還 A 車，自應償還甲 A 車的價額 50 萬元。

二、丙對甲部分

丙取得 A 車後，即重新為 A 車烤漆，A 車上之烤漆已附於 A 車中，顯非經毀損不能分離或分離所需費用過鉅，故屬動產與動產間的附合；而丙加裝於 A 車的音響、輪胎均屬仍得由 A 車分離且所費不甚鉅，是不發生附合的事實行為。

今甲撤銷雙方的贈與關係，A 車的所有權應回復於甲，然丙為 A 車烤漆即發生民法第 812 條附合的事實行為，且依該條但書的規定，A 車應是為主物，丙烤漆的所有權應由甲取得，故丙得依不當得利的規定請求甲返還 A 車因附合所受的利益。惟該車已受讓與丁並由丁善意受讓而原始取得 A 車所有權，故甲所受利益已不存在，依民法第 182 條第 1 項規定，甲免負返還或償還價額的責任。

例題 4-2-5：動產之加工

甲不慎遺失天然奇石二方，各值 8000 元整，乙誤其為無主物而拾回處理，其一略加清理鑲嵌於原售價 1000 元的項鍊中；另一則精心設計，刻成石雕，並公開展示出售，鑲嵌於項鍊者售價 10000 元、石雕者售價 30000 元。後來，甲發現自己的

遺失物，向乙追索，問甲乙間的物權法律關係如何？

　本例題涉及動產附合（民法第 812 條）及加工（民法第 814 條）的適用問題，茲分析如下：

一、項鍊的所有權歸

乙雖將其一奇石加以清理並鑲嵌於項鍊中，因該奇石能輕易分離且分離所費不甚鉅，則乙鑲嵌於項鍊的行為並未發生動產的附合，該奇石與項鍊的所有權皆未發生變動，依據民法第 812 條第 1 項的規定，各動產所有人甲乙，原應按其動產附合時的價值，共有合成物，亦即由甲乙共有鑲有奇石的項鍊。但若附合的動產，有可視為主物時，該主物的所有人，取得合成物的所有物（民法第 812 條第 2 項），奇石的經濟價值 8000 元；項鍊的原售價 1000 元，以經濟價值的觀點，奇石應可視為主物，故依法應由主物的所有權，即甲取得該合成物，亦即鑲有奇石項鍊的所有權。

二、石雕的所有權

乙將奇石刻成石雕，屬加工行為，惟乙加工行為將其石雕成藝術品，其價值顯逾原奇石的價值，故依民法第 814 條但書規定該藝術品的所有權應屬加工人即乙所有。

三、結　論

乙將奇石鑲嵌於項鍊中，該奇石項鍊卻為甲所有，而乙因此喪失項鍊的所有權，依民法第 816 條規定，乙得依不當得利請求甲返還其所受之利益（即 1000 元）；相對的，乙將奇石雕塑成藝術品，使甲喪失該奇石的所有權，亦使甲受有損害，而乙因加工行為而獲得奇石的所有權之利益，甲亦得依不當得利之規定，請求乙返還其所受奇石的利益（即 8000 元）。

例題 4-2-6：動產之善意受讓

甲向經營畫廊的乙購買 A、B 二幅國畫，乙商請甲同意，暫借用該二畫三個月，以供展覽。二週後，乙因意外事故死亡，其獨生子丙剛自某大學法律系畢業，正專心準備參加司法人員特種考試，決定結束畫廊營業，乃將 A 幅國畫贈與丁，並交付之；又將 B 幅國畫出賣於戊，依讓與合意並交付之。試問：甲對丁、戊得主張何種權利？

本例題主要涉及善意受讓的意義、要件及效力，茲分別加以說明如下：

一、動產善意受讓的意義

當動產物權以移轉或設定為目的，因公示方法所表彰的物權變動與實際情形不符時，而受讓該動產的占有時，善意信賴此種公示外觀所表彰的物權變動，縱其讓與人無移轉或設定之權利，受讓人仍取得該動產物權。

就動產物權的善意受讓規範，依據民法第 801 條的規定：「動產之受讓人占有動產，而受關於占有規定之保護者，縱讓與人無移轉所有權之權利，受讓人仍取得其所有權。」、民法第 886 條：「動產之受質人占有動產，而受關於占有規定之保護者，縱出質人無處分其質物之權利，受質人仍取得其質權。」、民法第 948 條第 1 項：「以動產所有權或其他物權之移轉或設定為目的，而善意受讓該動產之占有者，縱其讓與人無讓與之權利，其占有仍受法律之保護。但受讓人明知或因重大過失而不知讓與人無讓與之權利者，不在此限。」（民國 99 年 2 月 3 日修正、同年 8 月 3 日施行）。

而此所謂「其占有仍受法律之保護」係指民法第 801 條、第 886 條之規定，亦即受讓人可以依第 801 條或第 886 條規定取得動產所有權或

質權。又動產物權包括所有權、動產質權與留置權等三種，動產所有權與動產質權皆有善意取得的明文規定，已如上所述，而留置權於民法中均屬法定，既不生因當事人意思的設定問題，故無善意受讓保護的需要。

二、動產善意受讓的要件

㈠須讓與人就該動產物權取得占有

即讓與人須就動產物權有事實上的管領力，不限於是直接占有、間接占有或是占有輔助均可。

㈡須讓與人無處分權

指讓與人無移轉動產所有權或設定動產擔保的權限，即有可能是無所有權，或所有權受到限制、欠缺處分權限或是逾越處分權之人。

㈢須讓與人與受讓人間為無權處分且已交付

按交付可分為現實交付、簡易交付、占有改定與指示交付等四種，已如本章第一節所述。雖然交付態樣不同，然均有善意受讓的適用；惟若受讓人占有的動產不是來自讓與人且欠缺表彰權利的信賴基礎時，自不能僅因單有讓與合意即可善意取得動產的所有權（民國 99 年 2 月 3 日公布、同年 8 月 3 日施行之新修正民法第 948 條第 2 項參照）。

㈣須受讓人善意信賴讓與人占有動產係有處分權

受讓人必須「不知」讓與人無權處分，始屬「善意」才有受保護的必要。而所謂不知，是否是出於過失而不知，在所不問；然若依一般交易情形，通常一般人皆可認定讓與人無處分權時，則受讓人不可認定屬於善意。

三、動產善意受讓的效果

依據民法第 801 條的規定可知,受讓人因善意受讓取得動產的所有權,依民法第 886 條的規定,受讓人因善意受讓取得動產質權。而受讓人取得的動產物權並非基於讓與人既存的權利,而係「原始取得」,故動產原占有人即喪失所有權或質權等,在該動產上的一切負擔均因而消滅。

由於受讓人因善意取得而取得動產物權,係基於法律保護交易安全的需要,而使善意的受讓人保有該動產物權,故其取得動產物權屬於有法律上的原因,自無不當得利可言。是原占有人不可依不當得利的規定,請求善意的受讓人返回其所受利益。

四、本　題

甲向乙購買 A、B 二畫,依占有改定的方式,由乙向甲暫借使用,而使甲間接占有 A、B 二畫,故甲雖未取得 A、B 二畫的直接占有,但仍已取得二畫的所有權(民法第 761 條第 2 項),乙則仍直接占有 A、B 二畫。嗣乙死亡,由丙繼承而取得 A、B 二畫的占有,因繼承並非處分行為,並不適用善意受讓的規定,故 A、B 二畫之所有權人仍為甲。

嗣後,丙將 B 畫有償讓與戊,其讓與 B 畫所有權的物權行為,屬於無權處分行為,若戊為惡意(即知悉丙非 B 畫之所有權人),則丙戊間的物權行為屬效力未定(民法第 118 條第 1 項),此時甲得依民法第 767、179 條的規定,向戊主張所有物返還請求權及不當得利返還請求權。反之,若戊為善意(即不知丙非 B 畫之所有權人),則丙雖無處分權,然依民法第 801 條、第 948 條第 1 項規定,戊可以善意取得 B 畫的所有權,此時甲的所有權因戊善意取得而消滅,因而無法向戊主張任何權利。

另外,丙將 A 畫無償讓與丁,若丁為惡意,則丙丁間的物權行為屬效力未定(民法第 118 條第 1 項),此時甲得向丁主張民法第 767、179 條的規定,向戊主張所有物返還請求權及不當得利返還請求權。反之,若丁為善意,則丙雖無處分權,丁仍可以依據善意受讓的規定,取得 A 畫

所有權。然善意受讓人丁，因屬無償取得，為顧及原所有人的權益，避免因受讓人無償取得卻犧牲原所有權人的所有權而保護無償的受讓人致顯失公平，此時無償受讓人丁應適度退讓，甲可以類推適用民法第 183 條的規定，請求丁返還 A 畫。

例題 4-2-7：動產善意受讓之例外

甲竊得乙自有 A 車一輛及其證件全部，乃偽造乙的讓渡書將 A 車出售予合法開設中古車行的不知情丙，數日又被丁竊走。乙、丙於被竊時先後報案，嗣經偵破並尋獲 A 車。警局因 A 車登記的所有人為乙，故發還給乙。丙以已善意取得為理由，請求乙返還 A 車，乙則以 A 車係自己所有，故予拒絕。問：爭議發生時（設距乙被竊約十日），A 車的所有權應由何人所有？

⚎ 本例題涉及動產善意受讓，受讓人卻無法立即主張善意取得所有權，亦即動產善意受讓例外情形，茲說明如下：

一、動產善意受讓的例外

(一)盜贓或遺失物回復

按動產物權的善意取得，乃是基於占有動產的公信力，當第三人善意信賴占有而與動產占有人從事交易行為，為保護交易安全以促進社會經濟發展，故法律予以保護；然若動產並非基於所有人的意思而脫離占有，取得該動產占有之人自始未信賴任何人、未信賴任何占有動產的表徵，而占有人卻將該動產讓與善意的第三人時，該善意第三人固仍有保護之需要，然此時原權利人基於私有財產的保障，更須被保護，因而例外地允許原權利人得追及該物的所在，而向善意第三人主張並請求返還該動產。

故民國 99 年 2 月 3 日修正、同年 8 月 3 日施行之新修正民法第 949

條第 1 項規定:「占有物如係盜贓、遺失物或其他非基於原占有人之意思
而喪失其占有者,原占有人自喪失占有之時起二年以內,得向善意受讓
之現占有人請求回復其物。」明定增列「其他非基於原占有人之意思而喪
失其占有」,包括遺忘物、誤取物等都包括在內。

(二)特殊情形

依據民法第 950 條的規定:「盜贓、遺失物或其他非基於原占有人之
意思而喪失其占有之物,如現占有人由公開交易場所,或由販賣與其物
同種之物之商人,以善意買得者,非償還其支出之價金,不得回復其物。」
此乃民法第 949 條規定的例外。亦即,交易標的物的動產,固屬原占有
人係非基於其意思而喪失其占有,然若善意受讓人係於「拍賣或公共市
場或由販賣與其物同種之物之商人處所」購得的動產,受讓人對買賣標
的物的來源,通常不會加以調查,所以在交易安全上,有特別保護之必
要,即不許原占有人行使民法第 949 條的權利,但若償還善意受讓人已
支出價金時,仍然允許原占有人回復其原權利(民法第 950 條立法理由
參照)。

此外,依據民法第 951 條的規定:「盜贓、遺失物或其他非基於原占
有人之意思而喪失其占有之物,如係金錢或未記載權利人之有價證券,
不得向其善意受讓之現占有人請求回復。」此係因金錢與無記名證券最易
流通,至難辨識,占有人如係善意占有,自應許其即時取得所得權,以
確保交易之安全(民法第 951 條立法理由參照)。亦即,基於此種動產流
通性的特殊要求,因而特別保護善意受讓者,即使動產係非基於原占有
人之意思而喪失其占有,也不可以請求回復其原權利。

(三)惡意占有不適用

民法第 949 條與第 950 條規定的請求權人係「原占有人」,依通說該
「原占有人」並不以「原所有權人」為限,尚及於其他有占有權源的人,
例如承租人、借用人等,此外,原占有人縱使無占有本權,除係惡意占

有的情形外，善意占有人所受的保護，依占有章的規定幾與有權占有人同，故民國 99 年 2 月 3 日修正、同年 8 月 3 日施行的新修正民法第 951 條之 1 規定：「第九百四十九條及第九百五十條規定，於原占有人為惡意占有者，不適用之。」即明文排除原占有人為惡意占有人，亦即其他有占有本權之人、雖無占有本權但屬善意占有等，皆有民法第 949 條與第 950 條規定的適用。

二、本　題

丙自甲處購買其所占有的 A 車一輛，而甲係竊盜而對 A 車並無處分權，由於丙信賴甲對 A 車的占有及其所出具偽造的讓渡書，丙因善意而取得該汽車的所有權。

民法第 949 條第 1 項固然規定，盜贓的被害人、遺失物的遺失人或其他非基於原占有人的意思而喪失其占有的人，在兩年期間內得向善意的第三人請求返還所有權。然而，在請求返還之前，此等動產的所有權究竟屬誰？ 學者間有不同的看法：

㈠原權利人歸屬說

此乃認盜贓及遺失物並非善意取得之標的物，故盜贓之被害人或遺失物的遺失人仍保有該物的所有權。

㈡善意占有人歸屬說

因盜贓及遺失物的善意受讓人乃依善意受讓的制度取得所有權，由於民法第 949 條規定使已喪失所有權的原所有權人回復其權利，是在原所有權人尚未行使請求權時，善意受讓人於該期間仍可受到物權法上的保護，始足以貫徹交易安全。

㈢折衷說

兩年內所有權仍歸屬於占有人，但原權利人請求回復時，則善意受

讓人的權利溯及於善意取得時消滅。

　　依民國 99 年 2 月 3 日修正、同年 8 月 3 日施行的新修正民法第 949 條第 2 項規定：「依前項規定回復其物者，自喪失其占有時起，回復其原來之權利。」顯是採「善意占有人歸屬說」，是本題爭議發生時（距乙被竊約十日），A 車所有權應屬善意受讓人丙所有。

第五章

物權之消滅

　　物權消滅為物權變動的一種，包括相對消滅與絕對消滅兩種。相對消滅係指物權因讓與而使讓與人消滅物權、受讓人取得物權，於本書第三章不動產物權的變動、第四章動產物權的變動，即有敘明；絕對消滅則指物權人的物權消滅，未使其他任何人取得物權，本章將對此加以詳述。

　　物權消滅有基於物權的共通消滅原因，也有因個別物權的特別消滅原因。又物權因係動產物權或不動產物權，而其消滅方式也有所不同。

▌第一節▌ 拋　棄

例題 5-1-1：不動產物權之拋棄

> 甲將其所有 A 地贈與乙，並辦理所有權移轉登記，嗣乙得知其所獲得的土地地目為「墓」，心頭瞬間涼了一半，於是嚷嚷不要那塊土地，試問：㈠乙應如何拋棄 A 地？㈡倘若甲贈與乙的是 A 地的地上權，而 A 地所有權人係丙，則乙應如何拋棄該地上權？

　本例題涉及不動產物權的拋棄，其相關概念如下：

一、不動產物權的拋棄

　　依據民法第 764 條第 1 項規定：「物權除法律另有規定外，因拋棄而消滅。」所謂拋棄，即依物權人的意思表示，不以其物權移轉於他人，而使物權歸於絕對消滅的單獨行為。一般來說，不動產物權的拋棄，由權利人單方為放棄該物權的意思表示，並完成登記，即使不動產物權發生消滅的法律效果；然而，不動產物權如有「相對人」時，例如定限物權人相對於所有權人，則物權人欲拋棄物權，應向該相對人為拋棄之意思表示並完成登記，始生該不動產物權消滅的法律效果。

　　此外，依第764條第2項規定：「前項拋棄，第三人有以該物權為標的物之其他物權或於該物權有其他法律上之利益者，非經該第三人同意，不得為之。」亦即，倘若拋棄不動產物權人拋棄物權的行為，如有影響相對人權益時，應得該相對人的同意；換言之，在此種情形下，物權人縱為拋棄之意思表示，如未經有利害關係的相對人同意，仍未發生拋棄的法律效果。惟此拋棄行為仍與「意思表示合致」的契約行為（雙方行為）或「意思表示共同」的多方行為（如成立社團等）不同，意思表示的主體仍僅係單方的物權人，意思表示的個數僅有一個，故為單獨行為。

　　依據最高法院74年臺上字第2322號判例意旨：「民法第七百五十八條規定，不動產物權依法律行為而喪失者，非經登記不生效力。拋棄對於不動產公同共有之權利者，亦屬依法律行為喪失不動產物權之一種，如未經依法登記，仍不生消滅其公同共有權利之效果。」，拋棄行為屬法律行為的一種，依民法第758條規定，自應經登記始生效力，因此若尚未辦理拋棄登記，不因權利人已為拋棄的意思表示而得以消滅該不動產物權。故拋棄不動產物權除需具有拋棄的意思表示之外，尚須有拋棄的對外表徵，即「辦理不動產物權之拋棄登記」，始生拋棄的效力。此拋棄登記實務上通常稱為塗銷登記。

　　惟不動產物權的拋棄是否應以「書面」為之？民法物權編於民國98年1月23日修正前，學界有肯、否二說。其中，否定說認為，由民法第760條（舊法）的文義加以觀察，應不包括「拋棄」，且最高法院74年臺上字第2322號判例也未提及不動產物權的拋棄應用書面表示，故不動產物權的拋棄，不以書面為必要；而肯定說認為，雖由民法第760條條文文字，似僅限於不動產物權之移轉或設定始須書面，而不及於其他依法律行為而生的變動，然依民法第758條（舊法）的規定，不動產物權依法律行為的喪失暨應經登記始生效力，解釋上即包括應以「書面」為之，是不動產物權以法律行為中的單獨行為「拋棄」為變動，亦應以書面為之。以上學說爭議，於民國98年1月23日民法物權編修正後，將民法第760條刪除，並將不動產物權的要式性規定於民法第758條第2項，

係肯定不動產物權的拋棄應用書面表示，即修法後採肯定說為當。

另外，雖然修正前民法第 834 條第 1、2 項規定：「地上權未定有期限者，地上權人得隨時拋棄其權利。但另有習慣者，不在此限。」、「前項拋棄，應向土地所有人以意思表示為之。」亦即，條文明定地上權的拋棄，應向相對人為意思表示，惟民國 98 年 1 月 23 日修正之民法第 764 條已涵蓋定限物權的拋棄方式，故地上權章已無再個別規定之必要，因此，民國 99 年 2 月 3 日修正通過、同年 8 月 3 日施行之新修正民法第 834 條僅規定：「地上權無支付地租之約定者，地上權人得隨時拋棄其權利。」即除無支付地租約定的地上權得隨時拋棄外，有支付地租約定的地上權，如定有期限，則地上權人得支付未到期的三年地租後，拋棄地上權；如無約定期限，則地上權人應於一年前通知土地所有人，或支付未到期之一年地租後，予以拋棄（民法第 835 條第 1、2 項參照）。

二、本 題

㈠ 乙因甲贈與 A 地並完成所有權移轉登記，而取得 A 地的所有權，若乙欲拋棄已取得的 A 地所有權，除應有拋棄的意思表示外，亦應以書面並完成拋棄的登記，始生拋棄的效力，不因乙僅口頭嚷嚷而即可發生拋棄不動產物權的效力。

㈡ 地上權亦屬不動產物權之一，而地上權的拋棄行為，屬有相對人的單獨行為，故地上權人之拋棄，應向土地所有權人為之。但因民法就地上權的拋棄設有特別的規定（民法第 834、835 條參照），則視甲贈與乙的地上權，是否有地租、是否有約定期限而有不同的拋棄方式。倘甲所贈與的地上權無地租約定，則乙受贈地上權後，得隨時向土地所有人丙，為拋棄的意思表示並為地上權塗銷登記；如該地上權有地租約定但無期限約定，則乙受贈地上權後，得於一年前通知丙，或交付一年地租予丙而為拋棄；如該地上權有地租約定且有期限約定，則乙受贈地上權後，必須交付未到期之三年地租，始得拋棄。

例題 5-1-2： 動產物權之拋棄

> 甲為富家子弟，由於年屆三十始上大學，且為家中唯一最高學
> 歷者，其父為慶祝甲考上大學，故購買「賓士」車一部供甲上
> 學用，由於甲總認每月數萬元的零用錢不夠花用，故將該「賓
> 士」車設定質權予乙，並將「賓士」車交付乙占有之，某日，
> 甲看中 "BMW" 新款跑車，於是向丙售貨員告知欲購買跑車，
> 並向該店員稱：「我不要『賓士』車了」，試問：「賓士」車所
> 有權的變動。

本例題涉及動產物權的拋棄情形，茲先將相關概念介紹如下：

一、動產之拋棄

　　如前所述，不動產物權的拋棄，須有公示方式，使得第三人能得知該不動產物權的變動，故以「登記」為公示的方式；則動產物權的拋棄，當亦須有公示方式，第三人才能得知該動產物權的變動，始能發生動產物權拋棄的效力。

　　依民法第 764 條第 3 項規定：「拋棄動產物權者，並應拋棄動產之占有。」則動產物權的拋棄行為，除應以意思表示外，必須有「拋棄占有」的事實行為，以表彰其公示，進而使動產物權發生拋棄的效力。然若動產物權的拋棄，有害及他人法律上利益，或以物權為標的物而設定其他物權者，如允許物權人任意拋棄其物權，則將影響或減損第三人的利益，故於此種情形，非經該他人同意，不得拋棄（同法第 764 條第 2 項參照）。例如，為質權標的物的權利（權利質權），非經質權人的同意，出質人不得以法律行為，使其消滅或變更（同法第 903 條參照）。

二、本　題

　　動產係不動產以外的物品，而不動產為土地及土地的定著物（民法

第 66 條、第 67 條),「賓士」車為動產,而甲為「賓士」車的所有權人,其欲抛棄「賓士」車的所有權,除有抛棄「賓士」車所有權的意思表示外,尚需抛棄該車的占有。惟甲已將「賓士」車設質予乙,則甲若抛棄「賓士」車,將使乙無法藉由對「賓士」車行使質權而受償,故依民法第 764 條第 2 項規定,甲抛棄「賓士」車的行為,應得質權人乙的同意,故題示甲向丙為抛棄「賓士」車的單獨行為,未得乙的同意,自不生抛棄「賓士」車所有權的效力,甲仍為「賓士」車的所有權人。「賓士」車的所有權並未發生變動。

▍第二節▍混 同

所謂混同,指兩種沒有並存必要的法律上地位或權利,同歸屬於一人,而使此二種法律上地位或權利中的一種消滅,情形可分為三:

㈠ 債權與債務同歸屬一人時,債的關係消滅,但其債務為他人債權的標的或法律另有規定者,不在此限(民法第 344 條)。

㈡ 當義務與義務同歸於一人的混同者,例如,主債務與保證債務同歸屬於一人時,其保證債務即因混同而消滅,乃低度義務被高度義務吸收而消滅。

㈢ 前二者均屬債的關係而發生的混同,屬於債的範圍,而物權與物權同歸屬一人的混同,即屬物權的混同,乃指兩個無並存必要的物權,可能是所有權與其他物權(民法第 762 條),或所有權以外的物權與其他權利(民法第 763 條)而同歸屬於一人之法律事實。本書接下來說明的混同,即是民法物權編所定的混同。

例題 5-2-1: 所有權與定限物權之混同

甲所有一祖先留存下來的農地(C 地),其終身為農務而繁忙,亦以「種田」為榮,惟其不孝子乙總以種田為恥,甲為使乙瞭

解種田的好處，故強迫將 C 地的地上權登記予乙，並向乙收取地租，惟乙卻將 C 地剷平，並在 C 地上蓋商場以供出租，而甲在聽到祖傳田地遭不孝子剷平蓋商場後，認乙實乃大逆不道，當場氣得吐血而亡，而乙為甲的唯一繼承人。試問 C 地物權的變動方式。

本例題涉及所有權與定限物權的混同，故先將相關概念介紹如下：

一、所有權與定限物權的混同

依論理而言，在所有權與其他物權混同的情形，其他物權僅係不能實行其權利而已，本不應屬於物權消滅的原因；然使不能實行的物權存續，既無實益，又徒使法律關係趨於錯綜複雜，故混同仍應為權利消滅的原因，此為原則。故民法第 762 條本文規定，物的所有權及其他物權同歸於一人時，其他物權因混同而消滅。例如 B 於 A 所有的土地上有抵押權，其後 B 為 A 之繼承人而取得該地所有權時，抵押權與所有權發生混同，抵押權依民法第 762 條規定應歸於消滅。

但此種混同情形，亦有其例外，即一物的所有權及其他物權同歸於一人時，若所有人或第三人於其他物權的存續有法律上的利益時，此其他物權自不因混同而消滅，蓋有時若因混同而消滅，必害及所有人或第三人的利益。例如 X 將其所有土地，先抵押與 Y，Y 為第一順位抵押權人，而 X 又將其所有土地抵押與 Z，Z 為第二順位抵押權，若其後 X 為 Y 的繼承人，則 Y 既有的第一順位抵押權仍舊存續時，X（此時為第一順位抵押權人，亦為所有人）有法律上的利益。蓋 Z 的第二順位抵押權，本不能先於第一順位抵押權人而完全受償，若使第一順位抵押權消滅，則 Z 將遞升為第一順位抵押權人，而能優先受償，將使 X 繼承自 Y 第一順位抵押權人的利益受侵害，故第一順位抵押權存續，於 X 有法律上的利益。

又另如 A 於 B 所有的土地上有地上權，而 A 將該地上權設定權利抵

押予 C，其後 A 向 B 購得此土地所有權，則 C（第三人）於該地上權的存續有法律上的利益。蓋若該地上權因混同而消滅，則 C 的抵押權，將因標的物消滅而消滅，不利於 C 甚明。故民法第 762 條本文雖規定物權因混同而消滅，但於但書仍明定：「但其他物權之存續，於所有人或第三人有法律上之利益者，不在此限。」以保障於混同前已取得的法律上利益，不論係混同人或第三人，皆不因混同而受影響。

二、本 題

甲將所有的 C 地，設定地上權並登記予乙，故乙取得 C 地的地上權，嗣甲死亡，乙因繼承而無待登記、即可取得 C 地所有權；又乙取得 C 地所有權後，依民法第 762 條本文規定，C 地所有權及地上權均歸屬於乙，C 地之地上權即因混同而消滅。

至於 C 地的地上權因混同而消滅，是因為民法第 762 條的規定所致，且混同後是否生地上權消滅的效果，於乙辦妥土地的繼承登記後，由土地登記情形即可明知，又混同後雖未塗銷地上權登記，亦不因而有礙交易的安全，故應認 C 地的地上權，因混同而不待登記即生消滅的效力。

例題 5-2-2：定限物權與權利之混同

甲為一吝嗇之老人，對其子女、親友及陌生人，都是吝嗇對待。一日，甲的孩子乙所經營的公司，因資金周轉不過來，向甲借款 100 萬元，因乙經營公司所在之房屋，係丙設定典權於乙，而得為使用者，而乙的典權經估價約 130 萬元，甲遂要求乙提供該典權以供擔保，才答應借款，乙因急需該筆資金，故答應甲的要求並完成登記；惟乙所借得的 100 萬元尚不足供周轉，故而乙亦向其友人丁再借款 50 萬元，亦以其所有的典權供丁擔保並完成登記。沒多久，上帝認為甲過於吝嗇，因而讓甲提前入土，乙為甲的唯一繼承人。問：甲的典權之變動。

☱ 本例題涉及定限物權與其他權利混同情形，故先將相關概念
介紹如下：

一、定限物權與權利的混同

按民法第 763 條第 1 項規定：「所有權以外之物權，及以該物權為標
的物之權利，歸屬於一人者，其權利因混同而消滅。」所謂「所有權以外
之物權」，與民法第 762 條所稱「其他物權」之範圍相同，均係指「定限
物權」；而所謂「以該物權為標的物之權利」，係指準物權而言。例如 X 以
其地上權設定抵押於 Y，其後 X 成為 Y 之繼承人，則 Y 的抵押權，因混
同而消滅。

然 X 若先將其地上權設抵押於 Y，Y 為第一順位抵押權人，次又將
其地上權設抵押於 Z，Z 為第二順位抵押權人，其後 X 為 Y 的繼承人，
則 X 就 Y 之第一順位抵押權之存續有法律上的利益，故不因混同而使其
消滅，亦即本條第 2 項規定：「前條但書之規定，於前項情形準用之。」
故其他物權之存續，於所有人或第三人有法律上的利益者時，即準用民
法第 762 條但書規定，不因混同而消滅。

二、本　題

依民法第 882 條規定，典權可為抵押權的標的物，此情形為「權利
抵押」，故乙得就對丙的典權，向甲設定權利抵押，故甲為乙之典權的第
一順位抵押權人，而乙再將該典權向丁設定權利抵押，故丁為乙典權的
第二順位抵押權人。

今甲死亡後，乙因概括繼承而取得甲的一切權利義務，則乙亦取得
甲的抵押權，是乙的典權與乙因繼承而取得甲的抵押權，發生混同，本
應依民法第 763 條第 1 項規定，乙因繼承而取得甲的抵押權應歸消滅，
則將使丁成為第一順位的抵押權人；然而，按倘若甲未死亡時，乙無法
清償借款而由甲實行抵押權時，甲可全數受償即可得 100 萬元，而丁僅

能部分受償即可得 30 萬元，但卻因甲死亡而使乙因繼承而取得甲的抵押權因混同而消滅，將使丁成為第一順位抵押權人，則可獲得全數受償即可得 50 萬元，將造成乙的不利益。

蓋丁既明知該典權原有甲的第一順位抵押權存在，則乙於提供該典權為丁擔保時，丁可能從利息提高，或要求乙另提供抵押物以獲得相應的保障。亦即乙已支出相應的條件而使丁甘為第二順位抵押權人，故倘若乙因繼承而取得甲的第一順位抵押權、卻因混同而消滅，使丁從第二順位抵押權人變成第一順位抵押權人，非但將使丁獲得原先未預期的利益，更使乙受有原先因要求丁為第二順位抵押權人而支出相應條件，卻竟使丁成為第一順位抵押權人的未預期損害，造成因混同而影響他人的法律上利益，故依民法第 763 條第 2 項規定，乙因繼承而取得甲的抵押權，不因混同而消滅。

▌第三節▌ 時間經過

例題 5-3-1： 時效消滅

> 甲在民國 60 年元月 5 日向乙借款新臺幣 50 萬元，作為購買 A 屋之用，約定兩年為期，按月支付利息，並將 A 屋設定抵押權予乙，屆期甲未清償本金而乙亦未催討。自民國 63 年 2 月份起，甲未再支付利息，乙遲至民國 79 年 10 月始向甲催討，甲以消滅時效完成為由拒絕返還。乙嗣於民國 81 年底聲請拍賣 A 屋，甲亦以時效完成為由而主張乙無權拍賣，是否有理由？如乙於民國 83 年底始聲請拍賣抵押物，甲為相同的主張，是否有理由？

☷ 本例題涉及物權因時效而消滅的情形，故先將時效制度的相關概念介紹於下：

一、時效制度

按時效係指一定的事實狀態，於繼續的一定時間經過，而產生法律效果的法律事實。依時效可分為三：一為取得時效、二為消滅時效（時效完成）、三為除斥期間。

㈠取得時效

取得時效，為指占有他人動產或不動產，行使權利並達到一定期間，而取得權利的法律事實。有關不動產物權及動產物權的時效取得，已於第三章第二節及第四章第二節論述，本章即不再重複說明。

㈡消滅時效（時效完成）

消滅時效，只因一定期間內不行使權利，而致請求權不完整的法律事實。我國民事的消滅時效，係採「抗辯主義」，亦即在消滅時效的情形，權利人的權利不因而消滅，係該權利所生請求權得請求的相對人（即受請求之人），可取得「時效抗辯」的權利。故亦有論者著重於該特定期間內不行使權利，使相對人得取得時效抗辯之面向，而稱消滅時效為「時效完成」。

是以，消滅時效並非使權利本身消滅，故物權本身不會因時效而消滅，然本於物權而生的「物上請求權」，既為請求權的一種，故有消滅時效的適用，在消滅時效的情形，本於「物上請求權」而得請求的對象，即可取得「時效抗辯」的權利。

惟依照司法院大法官釋字第 107 號、第 164 號解釋可知，已登記的不動產物權，無消滅時效制度的適用，並不會因時效經過而消滅，詳請參閱第二章第四節，本章不再重複。

㈢除斥期間

除斥期間，則指權利預定存續的期間，為維持已繼續存在的原秩序，

不容他人任意改變，故期間經過而權利人未行使權利，則發生權利當然消滅的法律上效果。例如因意思表示錯誤之撤銷權，其除斥期間為一年（民法第 90 條）、因受詐欺或脅迫而為意思表示之撤銷權，其除斥期間亦為一年（民法第 93 條）等是。

已登記的不動產物權，本無時效制度的適用，且民法第 145 條第 1 項規定：「以抵押權、質權或留置權擔保之請求權，雖經時效消滅，債權人仍得就其抵押物、質物或留置物取償。」為保障擔保物權人的權益，擔保物權無時效制度的適用。惟民法第 880 條仍規定：「以抵押權擔保之債權，其請求權已因時效而消滅，如抵押權人，於消滅時效完成後，五年間不實行其抵押權者，其抵押權消滅。」係物權因除斥期間經過而消滅的例外規定：

1. 由於抵押權屬須登記的不動產物權，本不因時效而消滅，惟因抵押權人不占有抵押權的標的物，而抵押權所擔保的債權已因時效而消滅之後，抵押權人如遲遲不實行其抵押權，將使權利處於永不確定的狀態，故法律特明文規定，抵押權逾五年期間不行使，將使抵押權歸於消滅，以維護既存的社會秩序。

2. 又除斥期間係自消滅時效完成後起算，其未有如時效規定的時效中斷（即民法第 129 條）或時效不完成（即民法第 139 條至第 143 條）之適用，換言之，一旦除斥期間的時間經過而未行使其權利，權利即歸於消滅，此依最高法院 85 年度臺上字第 646 號判決意旨：「消滅時效有中斷或不完成之問題，除斥期間則否，即權利人若未在除斥期間未經過前行使其權利，俟期間經過，權利即歸消滅。民法第八百八十條之五年期間，係除斥期間，如抵押權人於起訴後，未行使其抵押權，其除斥期間仍在繼續進行中，不因已起訴或案件仍在法院審理中而中斷進行。」即明。

此外，質權與留置權亦為擔保物權，與抵押權皆可適用民法第 145 條第 1 項所定時效完成後仍可取償者，然未如同抵押權有民法第 880 條 5 年除斥期間規定，則此究竟係立法者漏未規定？或有意排除質權與留置

權適用除斥期間而故未規定？或類推民法第 880 條而仍認有 5 年除斥期間適用？不無疑問。

惟按，質權與留置權與抵押權不同之處，在於前者以動產為擔保的標的物、後者所擔保的標的物為不動產，而動產擔保物權係以占有所擔保的標的物為成立要件，不動產擔保物權的抵押權，卻不以占有標的物為要件；則依民法第 880 條的立法理由可知，之所以於本條特別另設除斥期間的規定，乃因抵押權人未占有其所擔保之標的物，為避免抵押權人長期未實行權利而影響既有的社會秩序，特別加以規定。然而，動產擔保物權係以占有擔保標的物為要件，質權人或留置權人可因占有標的物而直接實行質權或留置權，故無須限制該等物權權利人之權利行使期間之必要。

二、本　題

㈠乙的債權是否因時效而消滅？

依民法第 125 條規定請求權的時效消滅為 15 年，本件甲於民國 60 年 1 月 5 日向乙借款 50 萬元約定兩年後償還，是本件借貸期限為民國 62 年 1 月 5 日止，乙的請求權應於民國 62 年 1 月 5 日起算其時效。

惟甲自民國 63 年 2 月起即未再支付利息，是甲就其債務支付利息的事實，依最高法院 51 年臺上字第 1216 號判例，係屬對其原本債權的默示承認，發生民法第 129 條第 1 項第 2 款因承認而時效中斷的效力。

故乙的請求權時效，因甲支付利息而發生中斷，應於甲未再支付利息之民國 63 年 2 月重新起算，則乙請求權至民國 78 年 2 月為時效消滅。乙遲至民國 79 年 10 月始向甲起訴請求清償債務，甲自得以時效已消滅而抗辯，又稱「時效抗辯」。

㈡乙的抵押權何時消滅？

本題乙債權之時效遲至民國 78 年 2 月完成（時效於民國 78 年 2 月

消滅），則依民法第 145 條第 1 項及第 880 條規定，乙仍得於時效完成後
五年即民國 83 年 2 月的除斥期間實行抵押權，故乙於民國 81 年底就抵
押物行使抵押權，乙之抵押權尚未消滅，故甲時效抗辯並無理由。而若
乙遲於民國 83 年底始行使抵押權，則乙的抵押權因除斥期間經過而於民
國 83 年 2 月消滅，應不待甲為時效抗辯，法院即應為不准許拍賣抵押物
的裁定。

例題 5-3-2：抵押權之時效消滅

甲欠乙債款由丙以其房屋設定抵押，嗣乙之債權雖因時效完成
而消滅，然乙旋即實行抵押權，此時，丙主張該抵押權隨其所
擔保的債務時效消滅而消滅，有無理由？

本例題為民法第 880 條進階問題，涉及第三人抵押的情形，
請務必先了解前一例題後，再進行本題的閱讀。

一、主債務時效消滅與抵押權效力

債權人的抵押權，於主債權時效消滅後，其抵押權是否因主債權的
時效完成而消滅？承前說明，民法第 880 條規定 5 年期間為「除斥期間」，
其起算與期間屆滿致權利消滅，皆獨立判斷，與時效消滅無必然關聯；
換言之，學界固認為民法的請求權以屬消滅時效為原則，然並不排除例
外的可能，而民法第 880 條的 5 年期間，即例外地屬除斥期間。

由此，民法第 880 條既屬除斥期間，則認經 5 年期間而歸於消滅者，
為抵押權本身，而非抵押權所擔保債權之債之請求權。此有最高法院 53
年臺上字第 1391 號判例意旨：「請求權時效期間為十五年，但法律所定
期間較短者，依其規定（民法第一百二十五條），故時效期間僅有較十五
年為短者，而無超過十五年者，至於民法第一百四十五條第一項，係就
請求權罹於時效消滅後，債權人仍得就其抵押物、質物或留置物取償而
為規定，同法第八百八十條，係抵押權因除斥期間而消滅的規定，均非

謂有抵押權擔保的請求權，其時效期間較十五年為長。」可供參酌。是以，實務上亦認民法第 880 條規定為除斥期間，其權利存在期間係長於十五年。

本於上述，民法第 880 條規定：「以抵押權擔保之債權，其請求權已因時效而消滅，如抵押權人，於消滅時效完成後，五年間不實行其抵押權者，其抵押權消滅。」則抵押權所擔保的債權，其債務人無論係抵押人本人，或為第三人（即第三人抵押），皆有其適用。亦即，僅需抵押權所擔保債權的請求權因時效而消滅，無論債務人是否為抵押人，抵押權人皆得於五年內行使抵押權，逾五年則抵押權因除斥期間屆滿而消滅。

二、本　題

按民法第 144 條第 1 項規定：「時效完成後，債務人得拒絕給付。」固民法第 880 條所規定抵押權所擔保債權之請求權因時效而消滅，其法律上效果係「債務人得拒絕給付」，亦即債務人僅取得抗辯權，以為對抗請求權之用，而非「債權當然消滅」，固無論抵押人是否為債務人抑或第三人，債權請求權縱因消滅時效完成而消滅，該債權仍非當然消滅，而僅係債務人得抗辯拒絕給付。

由上，本題雖為第三人抵押的情形，而抵押權所擔保的債務因時效而消滅，係債務人甲於債權人乙請求給付時，得拒絕給付，而非乙的債權當然消滅。故乙於時效消滅後旋即實行抵押權，因未逾 5 年故抵押權尚未因除斥期間屆滿而消滅，乙實行抵押權自於法有據。丙抗辯基於抵押權從屬性，因抵押權所擔保的債權時效消滅、故抵押權亦消滅，並無理由。

▌第四節▌ 滅　失

例題 5-4：標的物之滅失

甲居住於 A 村逾六十年之久。一日，得知乙建設公司欲在 A 村
建設鄉村別墅，而其所有之房地（即 B 房地），恰好位於乙建
設公司的預定地，遂向建設公司提出出賣的意願；雙方磋商後，
乙建設公司同意於 8 月 6 日辦理所有權移轉登記，而價金將於
隔日匯入甲之帳戶中。然人算不如天算，8 月 6 日 C 颱風侵臺，
惟當日 A 村的風速尚未到達停止上班上課的標準，故甲與乙建
設公司之雇員於當日冒著風雨，至該管地政事務所辦理 B 房地
之所有權移轉登記；又隔日因雨勢風勢過大，故全臺停止上班
上課一日，而 A 村位於山坡邊，連天大雨造成山邊土石崩落，
湮滅山坡邊的 A 村。然屋漏偏逢連夜雨，當日 A 村旁之山地，
亦發生走山，造成 A 村的地勢下陷，在雨水及土石連夜灌注至
A 村之下，A 村成為湖中之村，由於地勢之差異過大，山邊陡
峭之處形成一瀑布，不斷的將雨水注入湖中，A 村因此被淹沒
瀑布中，試問甲與乙建設公司的物權法律關係。

📖 本例題涉及物權因標的物的滅失而滅失之情形。

一、物權標的物的滅失

物權，係以「物」而為其標的的權利。當標的物滅失時，除法律另
有規定外，存在於標的物的物權權利，即因標的物的滅失而歸於消滅。
惟標的物是否滅失，應依社會一般通常的交易觀念而定。

例如，土地遭水侵犯為水道或湖泊時，雖水道或湖泊之下仍為土地，
就物理上該土地並未消失，僅係在水道或湖泊之下，然客觀上既已失原

本陸面之狀態，故依社會一般通常交易觀念，應屬標的物之滅失。此觀司法院院字第 1726 號解釋意旨：「河岸私有之田地，因水道變遷，致坍沒一部或全部者，其所有權依土地法第九條所定，應即視為消滅，除該岸土地回復原狀時，仍得回復其所有權外，不得以對岸淤地增多，請求撥補。」，及同院院解字第 2973 號解釋意旨：「前清現行刑律田宅門例載，凡沿河沙洲地畝被沖坍塌，即令業戶報官勘明註冊，遇有淤漲，亦即報官查丈，照原報之數撥補，如從前未經報坍，不准撥給等語，是沿河沙洲地畝，在前清被沖坍塌者，其所有權即為消滅，惟當時曾經報坍者，得於淤漲時請官撥補，以回復其所有權。甲乙丙丁共有之沿河地畝，既於前清同治年間被沖坍塌，其所有權即於當時消滅，如其後該地在土地法施行前回復原狀，未依當時法令回復其所有權，或在同法施行後回復原狀，未依同法第九條第二項證明為其原有，以回復其所有權，則戊己庚辛呈准縣政府開墾耕種後，甲乙丙丁自不得主張該地為其所有，但在甲乙丙丁依法回復其所有權後，縣政府始准許戊己庚辛開墾耕種者，則甲乙丙丁之所有權不因此而喪失，對於戊己庚辛提起所有權存在之訴，不得謂為無理由。」即明。換言之，陸面成為河面或湖面等水面時，陸面的土地所有權即歸消滅（土地法第 12 條第 1 項參照）；日後如因淤漲而又從水面變回陸面，除已依法令報請回復所有權外，已滅失的所有權不因淤漲而當然回復其所有權。

而建築物如經滅失，如燒燬或拆除，不因嗣後重建而回復其所有權，如最高法院 71 年度臺上字第 1557 號判決意旨：「房屋失火後，屋頂業被燒燬，僅餘牆壁，既為兩造所不爭執，復經檢察官查明及第一審受命推事勘驗明確，倘其已不足避風雨而達經濟上使用之目的，即難謂其仍為獨立之不動產及房屋所有權仍屬存在，猶未喪失，又縱被上訴人利用原有牆壁，安裝鐵架，加蓋石棉瓦，予以修復，而國有財產局復曾以敵產加以接收，亦無從再使業已滅失的所有權重行回復。」顯見建築物已喪失不動產性時，即屬標的物之滅失，不因重建而重新取得所有權；然若標的物滅失後而留有殘留物時，其殘留物尚可能存有動產所有權，亦如房

屋崩塌後，餘留的鋼筋尚可回收用作他途而具經濟價值，則房屋之不動產所有權雖因房屋崩塌而歸於消滅，然所餘留之鋼筋仍得具有動產所有權。

　　此外，物權的標的物若滅失，物權本身固滅失，惟倘若物權非以某物為標的，該物縱使滅失，與物權不生影響。例如，民法第 841 條規定：「地上權不因建築物或其他工作物的滅失而消滅。」係地上權人固因地上權而建築房屋或其他工作物，惟地上權的標的物係土地而非該建物或工作物，地上權人因地上權而建築房屋或工作物，係地上權的權能而非地上權的標的，故地上權不因其建物或工作物的滅失而歸於消滅；反之，若係土地滅失，則非但該土地的所有權滅失，其地上權亦因而歸於消滅。

　　然而，土地與建物原屬同一人所有，因法院強制執行致土地與建物的拍定人各異時，其間固視為有法定地上權存在（民法第 838 條之 1 第 1 項），惟該法定地上權既係法律明定，係為解決土地與建物原同屬一人所有，因拍賣致拍定人各異，而使得土地與房屋所有權兩相分離的情形，基於法律安定性及維護交易安全而特設的地上權，與意定地上權（民法第 832 條）不同，因此，法律明文規定，於此種法定地上權的情形，倘地上建物滅失時，該法定地上權即歸於消滅（民法第 838 條之 1 第 2 項），倘建物所有權人自行重建，亦不得回復法定地上權，此為地上權滅失的特例。

　　至於不動產役權，係供役地基於特定目的而供需役地便宜使用的權利（民法第 851 條參照），因此不動產役權的標的係需役地，故需役地滅失或不堪使用時，不動產役權將歸於消滅（民法第 859 條第 2 項參照）；而抵押權的標的，既係抵押物即不動產本身，故倘若抵押物滅失時，抵押權即歸於消滅，惟若抵押人因抵押物之滅失而受有賠償或其他利益（如保險理賠）時，因該賠償或其他利益係抵押物之變形或延伸，故抵押權對之將繼續存在（民法第 881 條第 1 項參照）。動產質權亦因質物本身滅失而消滅，但出質人因滅失而得受賠償或其他利益時，動產質權對之亦繼續存在（民法第 899 條第 1 項參照）。

二、本　題

㈠甲得向乙建設公司請求給付價金

按甲與乙建設公司就位於 A 村的 B 房地，達成買賣的意思表示合致，故兩造間成立買賣契約，依民法第 348 條、第 367 條規定，甲負有將 B 房地移轉登記予乙建設公司，而乙建設公司負有將價金交付予甲之義務，而今甲已於 8 月 6 日將位於 A 村的 B 房地，依民法第 758 條的規定辦理移轉登記予乙建設公司，故乙建設公司為 B 房地之所有權人，則乙建設公司基於買賣契約，依民法第 367 條規定而負有給付價金之義務。

㈡乙建設公司喪失 B 房地之所有權

由於 B 房地位於 A 村內，其後因地勢陷落，造成 A 村地形成為湖泊，顯已喪失不動產的性質，依社會觀念應屬標的物的滅失，故乙建設公司喪失 B 房地之所有權。惟乙建設公司縱使喪失 B 房地之所有權，因甲已履行移轉 B 房地之給付義務，乙建設公司自不得執 B 房地所有權嗣後滅失而主張免為給付買賣價金。

▎第五節▎ 其他原因

例題 5-5-1： 約定存續期間屆滿之物權消滅

甲在乙的 A 地建築 B 房屋，與乙訂立設定地上權的書面契約，約定期限二十年、地租每月 1 萬元。在未辦理地上權登記前，甲與乙又訂立以 A 地為標的物的基地租賃契約書，租金亦為每月 1 萬元，但未定有期限。上述二契約均未辦理公證。不久，甲與乙基於前揭設定地上權的書面契約，申請辦理地上權登記

並完成登記。嗣地上權期間屆滿後，甲仍為土地之繼續使用，乙知其事，但因認為地上權期間屆滿而未表示反對的意思。地上權之期限屆滿後一個月，乙將所有之 A 地出售於丙，並即辦妥移轉登記。試問甲應對何人基於何種法律關係而有返還 A 地之義務？

🔖 本題涉及特定物權（如地上權）所約定存續期間屆滿時，物權的效力為何？

一、物權存續期間屆滿，物權當然消滅

所有權並無存續期間的可能，故定有存續期間的物權，以定限物權為限；而已登記的定限物權，亦不當然定有存續期間，端視當事人於定限物權設定時，是否有期限的設定。而已登記的定限物權定有存續期間時，在期限屆滿時的效力如何？是否需另行登記？抑或當然消滅？民法物權編對此並無明文。

惟依最高法院 69 年度臺上字第 4114 號判決意旨：「定有存續期間之地上權登記，係屬物權，應於存續期間屆滿時消滅，物權消滅後，兩造就系爭土地仍有不定期限之租賃關係存在，則係債權，此項債權，並無使已消滅之地上權復活之效力，被上訴人請求塗銷地上權登記，即屬正當。」及同院 70 年度臺上字第 794 號判決意旨：「法律關係定有存續期間者，於期限屆滿時消滅。期限屆滿後，除法律有更新規定，得為不定期限外，並不當然發生更新之效果。地上權無如民法第四百五十一條之規定，其於期限屆滿後，自不當然變更為不定期限。」足見實務上認為，定有存續期間的物權，於期間屆滿時當然消滅，不因物權是否應經書面合意及登記或須交付為其消滅的要件。

另定限物權期限未屆滿前，或定限物權未定有期限者，當事人間仍得經由合意而使物權消滅。惟此時的合意，仍應經書面並登記或交付（視不動產或動產），才可使物權提前歸於消滅。

二、本 題

(一)甲的地上權因期間屆滿而歸於消滅

按甲與乙間的設定地上權契約完成登記，甲取得 A 地的地上權；惟該地上權設有 20 年的期間，期間屆滿依最高法院 69 年度臺上字第 4114 號暨同院 70 年度臺上字第 794 號判決意旨，無待書面及登記，當然歸於消滅。自無地上權期限屆滿默示更新之適用❶。

(二)甲對丙得行使優先承買權

按甲的地上權因期間屆滿而當然消滅後，甲與乙的法律關係依基地租賃契約加以決定；乙於未定期限的基地租賃契約存續中，將 A 地出售予第三人丙，甲得依民法第 426 條之 2 規定，行使優先承買權，此項特別規定，使租賃權具有物權的效力。

(三)甲若未行使優先承買權，則丙得請求甲拆屋還地

按甲依法得行使優先承買權而不行使,則丙確定取得 A 地的所有權。雖民法第 425 條第 1 項固有「出租人於租賃物交付後，承租人占有中，縱將其所有權讓與第三人，其租賃契約，對於受讓人仍繼續存在。」的明文，即所謂「買賣不破租賃」；然因同條第 2 項規定：「前項規定，於未

---

❶ 地上權存續期間屆滿後，是否有民法第 451 條默示更新的適用：

  1.肯定說：依土地法第 102 條規定：「租用基地建築房屋，應由出租人與承租人於契約訂立後二個月內，聲請該管直轄市或縣（市）地政機關為地上權之登記。」是舉重以明輕，於設定地上權，當然有其適用。

  2.否定說：法律關係定有存續期間者，於期間屆滿時消滅，期滿後除法律有更新規定，發生不定期限外，不當然發生更新的效果。地上權並無如民法第 451 條的規定，其期限屆滿後，自不生當然變更為不定期的效果。

  惟肯定說係依據土地法第 102 條的規定，應限於「租用基地建築房屋」之下，應非適用利用土地之地上權，是應採行否定說為當。

經公證之不動產租賃契約，其期限逾五年或未定期限者，不適用之。」因甲乙間之基地租賃契約未定有期限且未經公證，依上規定，不發生民法第 425 條第 1 項「買賣不破租賃」的法律效果。

基此，甲乙間的基地租賃契約不得對 A 地買賣受讓人即丙繼續存在，故甲占有 A 地對丙而言即構成無權占有，丙自得向甲主張民法第 767 條第 1 項之物上返還請求權，請求甲拆屋還地；甲則對丙負有交還 A 地的義務。

例題 5-5-2：物權從屬性之消滅

甲欠乙債款，由丙以其房屋設定抵押，嗣乙繼承丁欠甲的債務，甲爰主張抵銷。乙旋即實行抵押權，丙主張該抵押權隨所擔保的債務因抵銷而消滅，故乙不得實行抵押權。丙的主張是否有理由？

本例題涉及抵押權從屬性中的消滅上從屬性問題，茲說明如下：

一、擔保物權所擔保的債權消滅

按債的關係消滅時，其債權的擔保及其他從屬的權利亦同消滅（民法第 307 條規定），此乃從權利附屬於主權利，當然的結果。抵押權雖為物權，惟亦為從權利，故抵押權所擔保的債權如消滅時，抵押權亦同消滅；然最高限額抵押權則屬例外，其於存續期間未屆滿前，非因所擔保的債權消滅而消滅。

二、本　題

乙就丙之房屋有抵押權，係擔保甲乙間的債款，故乙的抵押權係從屬於甲乙間的債款。故甲乙間的債款，經甲行使抵銷權而消滅時（民法第 334 條參照），乙就丙房屋的抵押權也歸於消滅，乙自不得再行使抵押權，故丙的主張為有理由。

例題 5-5-3: 因徵收、重劃所生之時效消滅

甲、乙共有市價 1500 萬元的 A 地一處，應有部分各為二分之一。共有期間甲以其應有部分為丙設定抵押權，向丙借款 1000 萬元，問：

㈠若市政府為國際花卉博覽會而欲在轄區內多處設置公園以美化環境，而相中 A 地，因而以公告現值 900 萬元徵收 A 地，丙有何權利可主張？

㈡若市政府因都市更新計畫，而重劃所處的區域，因而造成 A 地的面積縮小二分之一，丙有何權利可主張？

本例題涉及擔保物權的標的物，因徵收或重劃而滅失時的效力。

一、標的物被徵收、沒收或因土地重劃而消滅

按徵收、沒收及土地重劃均屬國家公權力之行使，標的物上之物權會因標的物被徵收、沒收而消滅（土地徵收條例第 36 條參照），而土地經重劃致物權在重劃後無法達到設定的目的時，該物權也歸消滅（農村社區土地重劃條例第 24 條第 1、2 項、都市更新條例第 38 條第 1 項、第 39 條第 2 項參照）。

惟擔保物權的標的物若經徵收、重劃而滅失，抵押權依民法第 881 條第 1 項規定：「抵押權除法律另有規定外，因抵押物滅失而消滅。但抵押人因滅失得受賠償或其他利益者，不在此限。」則所有權人因徵收或重劃而領得之補償金時，依上開規定，抵押權的標的物因被徵收或重劃而滅失，抵押權就抵押人因而獲得的補償金利益，仍繼續存在。

倘若標的物為動產時，則動產質權依民法第 899 條第 1 項規定：「動產質權，因質物滅失而消滅。但出質人因滅失得受賠償或其他利益者，不在此限。」於質權標的物因滅失而受有賠償或其他利益（例如保險金理賠），其質權於該賠償或利益，亦繼續存在。

二、本 題

㈠ A 地因徵收而滅失

甲乙共有的 A 地因徵收而喪失所有權，並獲得 900 萬元之補償金，丙對 A 地的甲應有部分，有 1000 萬元的抵押權。依民法第 881 條第 1 項規定，丙之抵押權於甲得受領的補償金，仍繼續存在。

惟甲乙就 A 地之應有部分係各二分之一，故 900 萬元之補償金亦應由甲、乙各領得 450 萬元；而丙係對 A 地的甲應有部分有抵押權，是丙的抵押權係就甲得領得 450 萬元補償金部分，繼續存在。

㈡ A 地因重劃而縮小

按甲乙共有 A 地、應有部分各二分之一，故 A 地因重劃而縮小二分之一，係甲、乙之應有部分各縮小二分之一，是就縮小後之 A 地，甲乙之應有部分仍係縮小後之各二分之一。

而土地因重劃而縮小，如不能權利變換而取得面積相等的土地時（即重劃前的土地，經重劃而得換不同位置的土地，變換後的土地面積與重劃前應相同），應以現金補償。故 A 地因重劃而縮小，復不能權利變換而獲得相同面積的補償，故甲乙將可獲得現金補償。

然而，A 地僅因土地重劃而縮小，並未完全滅失，與民法第 881 條「滅失」的情形不同；抵押權也沒有一部滅失的情形，亦即不因 A 地縮小二分之一，1000 萬元之抵押權即縮小至 500 萬元，惟實際上抵押權人丙的債權，確實因為 A 地遭重劃而縮小二分之一而影響其受償可能性，此際，丙得依民法第 872 條第 4 項規定：「抵押物之價值因不可歸責於抵押人之事由致減少者，抵押權人僅於抵押人因此所受利益之限度內，請求提出擔保。」丙得向甲就因重劃而使 A 地縮小二分之一而獲補償之限度內，請求甲再提出擔保。

第六章

結　語

　　物權法，係規範人民「物權」的法律。物權法除民法物權編（民法第 757 條至第 963 條）之外，土地法、公寓大廈管理條例等亦屬物權特別法。民法物權編中的法律概念或法律原則，若特別法無明文排除，則也有其適用。因此，如欲了解物權法，民法物權編自應先予了解；而欲了解民法物權編，則貫通物權編的「物權通則」尤為重要。

　　民法物權編的物權通則，從第 757 條至第 764 條，包括適用於一切物權的民法第 757 條物權法定原則，及適用於不動產物權的民法第 758、759 條不動產物權登記原則、第 759 條之 1 不動產登記之推定原則與信賴保護原則，及適用於動產的民法第 761 條動產交付原則，以及物權因混同、拋棄而消滅的民法第 762 條至第 764 條等規定，只要物權編其他條文或特別法無特殊規定，則物權通則條文皆有其適用。

　　然而，欲全盤了解物權通則，則民法物權編的其他規定，也不得不一併了解。基此，本章特由五個例題，以貫通物權通則與物權編的其他規定，以供讀者能更完整的理解「物權通則」。

例題 6-1

　　甲、乙共有一筆土地，應有部分均等，利用該二分之一土地建築二層樓房，以供居住。倘若二樓結構業已完成，僅門窗尚未裝設及內部裝潢尚未完成，如丙有意取得該樓房所有權，此項尚未完全竣工的樓房，是否可成為獨立的不動產，以辦理所有權移轉登記？又樓房完工後，為裝潢樓房內部，需要資金，甲、乙共同向 A 銀行借款新臺幣 1000 萬元，以前述土地及樓房設定抵押並登記在案。嗣後在樓房之外，利用樓房之原有牆壁，加建一間廚房。該廚房是否為前述抵押權效力所及？

　　本例題涉及不動產物權定義，及抵押物效力所及的範圍。

一、未完全竣工的樓房，仍為獨立的不動產，須辦理所有權移轉登記，始得變動其所有權

(一) 依民法第 66 條第 1 項規定，稱不動產者，謂土地及其定著物；而所謂定著物，係指固定並附著於土地上之物。又依司法院釋字第 93 號解釋可知，非臨時設置而繼續附著於土地上，並達一定經濟上目的的土地定著物，即係不動產；而最高法院 70 年度臺上字第 1779 號判決意旨：「民法第六十六條第一項所謂定著物，係指非土地之構成部分，繼續附著於土地而達一定經濟上目的，不易移轉其所在之物而言。雖係屋頂尚未完全完工之房屋，如其已足避風雨，可達經濟上使用之目的者，即屬土地之定著物。買受此房屋之人，乃係基於法律行為而受讓其所有權，自須辦理移轉登記，始能取得所有權。僅變更起造人名義而未辦理保存或移轉登記時，當不能因此項行政上之權宜措施，遽認該買受人為原始有人，此為本院一向所採法律上見解。」

(二) 本題，二層樓房的二樓結構業已完成，僅門窗尚未裝設及內部裝潢尚未完成，依上開釋字暨最高法院判決見解，此尚未完全竣工的樓房，自屬民法第 66 條第 1 項規定的定著物而已經屬於獨立的不動產；丙欲買受該樓房的所有權，自應辦理不動產移轉登記，始得取得該樓房的所有權。

二、廚房為抵押權效力所及

(一) 依民法第 862 條第 3 項前段規定，以建築物為抵押者，其附加於該建築物而不具獨立性的部分，亦為抵押權效力所及；惟建築於抵押權設定之後，準用同法第 877 條規定，抵押權人就附加部分賣得價金無優先權。因此，建築物的附加部分不具獨立性而非屬獨立不動產，係附合於建築物，則原抵押物所有權無待登記即因而擴張，故

抵押權效力自因而擴張而及於該附加部分。且附合的時點，無論係在抵押權設定前或設定後，均在所不問；又原建築物所有權擴張而及於附合部分無庸登記，則抵押權效力因而擴張於附合部分，亦不以登記為必要。

㈡ 本題，係於樓房之外，利用原有牆壁加建廚房，該廚房並無獨立出入的門戶，而不具構造上及使用上的獨立性，非屬獨立之物而不具所有權，應屬樓房的附合物，依上說明，應為抵押權效力所及，不以抵押權設定前、後而有異。但 A 銀行對廚房部分的賣得價金，無優先受償的權利。

例題 6-2

甲、乙、丙三人分別共有一筆 300 坪的 A 地，在未經乙、丙二人的同意下，甲為下述三種法律行為。請依「負擔行為」與「處分行為」的概念，說明此三種法律行為的效力：

㈠甲以自己名義將 A 地中之特定部分的 100 坪，出租與丁。

㈡甲以自己名義將 A 地之三分之一應有部分出售並移轉登記與戊。

㈢甲以甲、乙、丙三人名義，與己成立出售 A 地的買賣契約。

 本例題涉及物權行為（處分行為）與債權行為（負擔行為）的區別。學習物權，此二者區別尤為重要，不可混淆。

一、當事人間成立債權債務關係的法律行為，即為債權行為，又稱負擔行為；而直接使權利發生得、喪、變更的法律行為，稱為處分行為。而物權行為屬於處分行為的一種，係指直接使物權發生設定、消滅或變動的法律行為。當事人間成立債權行為，並不以有處分權為限，蓋債權行為的成立，僅係對債務人成立負擔、使日後受請求時負有履行負擔的義務。若當事人無法履行債務則依民法第 225 條及第 226 條加以救濟；然當事人間為物權行為，除符合法定要式，如不動產

須經登記、動產需交付之外，尚須有處分權。而物權行為的處分權，須視所為的物權行為的種類與內容而定，如設定地上權須有所有權，而拋棄地上權則需係地上權人。

二、而共有人亦係所有權人，惟共有人依民法第 819 條規定，對於其應有部分及共有物的處分，有特別規定，故共有人對其共有物「有無處分權」，須依其所處分的對象係「共有物全體」或「其應有部分」而有別。基此，本題所示甲的行為的效力，分述於後：

㈠甲出租土地特定部分予丁使用

甲以自己名義出租 A 地的特定部分予丁，則當事人甲、丁間係成立一負擔行為（即租賃）。而負擔行為並不以有處分權為必要，故甲縱未得 A 地之其他共有人同意，該租賃（即負擔行為）仍應為有效。至於甲倘若於嗣後仍未得其他共有人的同意，仍將 A 地之該特定部分交付丁使用，則會構成侵害其他共有人權益的侵權行為，但仍無礙甲、丁間租賃契約的效力。

㈡甲出賣其應有部分予戊

依民法第 819 條第 1 項規定，各共有人，得自由處分其應有部分。本題甲將其應有部分出售並移轉登記給戊，則甲、戊之間係作成三個法律行為，包括成立買賣 A 地應有部分的負擔行為、移轉 A 地應有部分的物權行為，及交付價金的物權行為。

首先，就買賣契約的負擔行為部分，負擔行為不以當事人間有處分權為必要，甲、戊間的負擔行為係為有效；而物權行為須有處分權始生效力，而甲係處分其就 A 地的應有部分，依民法第 819 條第 1 項規定係有權處分，故甲將其應有部分移轉給戊的行為，亦為有效。而戊移轉價金所有權給甲的行為，自亦有效。至於共有人乙、丙得否主張優先承買權❶？甲移轉登記行為是否侵害乙、丙的優先承買權？皆不生影響。

❶ 依土地法第 34 條之 1 第 4 項規定：「共有人出賣其應有部分時，他共有人得

(三)甲將土地的全部出售予己

依民法第 819 條第 2 項規定，處分共有物應得共有人全體的同意。而成立買賣契約固係負擔行為，然而若以他人（即本人）名義成立負擔行為，因該法律效果的負擔係直接歸屬於該他人，則應得該他人的同意或授權；故倘若未得本人同意而為代理行為，係無權代理，依民法第 170 條第 1 項規定，非經本人乙、丙的承認，不生效力。

本題甲並非以「自己名義」出售 A 地，係未得乙、丙同意而以「甲、乙、丙」的名義而出售，則就「乙、丙」的部分即係「無權代理」，在未獲本人即乙、丙承認前，該負擔行為（即買賣行為）效力未定。

例題 6-3

設甲為避免其所有的 A 屋被債權人查封，與乙通謀虛偽意思表示，將 A 屋以買賣方式移轉登記在乙的名義下，一年後乙自行將 A 屋出售予不知情的丙，並完成移轉登記。試說明理由回答下列問題：

(一)丙因輕過失而不知甲乙間的通謀虛偽意思表示，甲可否向丙請求 A 屋的返還？若丙因重大過失而不知甲乙間的通謀虛偽意思表示，甲可否向丙請求 A 屋的返還？

(二)若丙在甲請求返還前，又將 A 屋出售予知悉甲乙間通謀情事

以同一價格共同或單獨優先承購。」而所謂優先承買權，係指他共有人於共有人出賣共有土地時，對於該共有人有請求以同樣條件訂立買賣契約之權而言，故須共有人與第三人間已成立買賣契約為前提，再以此買賣契約之同一內容通知他共有人是否優先承買。其立法目的，在於藉應有部分之出賣，使他共有人有優先承買權，以減少共有人之人數，使共有關係趨於單純。而本條之優先承買權，在性質係屬債權行為，是以共有人已將共有部分移轉登記予第三人後，縱然其他共有人主張優先承買權，亦無法對抗已取得共有物之第三人。

的丁,並完成移轉登記時,甲嗣後可否向丁請求 A 屋的返還?

◎ 本例題涉及不動產移轉登記的對抗效力。

一、甲得否向丙請求返還房屋

㈠ 依民法第 87 條第 1 項規定,表意人與相對人通謀而為虛偽意思表示時,其意思表示無效。但不得以之無效對抗善意第三人。所謂「不得以之無效對抗善意第三人」之效力,學說上稱之為「相對無效」,亦即善意之第三人得對表意人及相對人間之通謀虛偽之意思表示主張有效或無效,就本題中,甲為避免 A 屋被債權人查封,故將 A 屋所有權通謀虛偽移轉於乙,該移轉行為無效,故甲仍為 A 屋所有權人。惟乙嗣後將 A 屋出售予不知情之第三人丙,不知情之丙自得對甲、乙間之通謀虛偽之意思表是主張有效或無效。

㈡ 又依民法第 759 條之 1 第 2 項規定:「因信賴不動產登記之善意第三人,已依法律行為為物權變動之登記者,其變動之效力,不因原登記物權之不實而受影響。」本題中乙非 A 屋之所有權人,其自行將 A 屋出售予不知情之丙,是為民法第 118 條第 1 項之無權處分 A 屋,而效力未定,然因丙信賴 A 屋之公示外觀,自得對甲主張因善意受讓而取得 A 屋之所有權。

㈢ 就本題中,丙可向甲主張民法第 87 條第 1 項但書或民法第 759 條之 1 第 2 項,是為「法條競合」,依上開條文編排順序為民法總則編及物權編,自可認民法第 759 條之 1 善意受讓規定應優先適用於通謀虛偽意思表示為第三人之保護,惟有疑義者,善意受讓之「善意」第三人,究為何指?

1. 有認知情惡意者不受保護為民法的基本原則,又重大過失的主觀狀態近乎惡意,因此民法第 87 條第 1 項但書及第 759 條之 1 第 2 項之「善意」,應目的性限縮本此二項的適用範圍,則雖善意但有重大過失者,不得主張善意保護。

2. 亦有認為貫徹土地登記制度的公信力，土地法第 43 條規定登記有絕對效力，則丙因善意信賴乙之登記外觀而受讓房屋，即有受保護之必要；且民法第 87 條第 1 項但書及民法第 759 條之 1 第 2 項規定，既未排除有重大過失者應受保護，即不應隨意目的性限縮本項但書的適用。

3. 為比較民法第 759 條之 1 第 2 項與第 948 條第 2 項規定，動產善意受讓採「善意且無重大過失」為要件，而不動產信賴登記卻僅採「善意」的單一要件，應認不動產善意受讓並無此限制；因此應認為民法第 759 條之 1 第 2 項的「善意」為信賴登記之唯一要件，並無限縮解釋的必要。

(四) 結　論：

本題中，不論丙之「善意」係出於重大過失而不知或為輕過失，丙既善意信賴乙的登記外觀，即得依民法第 759 條之 1 第 2 項規定，不因乙非真正權利人而為無權處分，致影響其取得 A 屋所有權，因此甲自不得依民法第 767 條第 1 項前段向丙請求返還 A 屋所有權。

二、甲可否向丁請求返還房屋

(一) 丙係善意信賴乙登記為 A 屋所有權人的外觀，並自乙處取得 A 屋所有權而完成登記，丙即係 A 屋所有權人，依民法第 759 條之 1 第 2 項規定，丙取得 A 屋所有權不因乙非真正權利人而受影響，屬原始取得。則丙既然為 A 屋所有權人，將 A 屋所有權移轉登記予丁，則係有權處分，丁自得合法有效取得 A 屋所有權，自不因丁是否知悉甲乙間是否為通謀虛偽而有別。

(二) 因丁係繼受於丙而取得 A 屋的所有權，且甲於丙善意受讓 A 屋並完成移轉登記之際，即已非 A 屋所有權人，故甲自不得依民法第 767 條請求丁返還 A 屋所有權。

例題 6-4

甲為建築停車場，與乙於民國 100 年 2 月 1 日約定在乙所有的 A 地設定地上權，地租每月 30 萬元，為期 15 年，並口頭約定於三週後協同辦理地上權登記。同年 3 月 1 日，甲請求乙辦理地上權登記。乙以 2 月 1 日設定地上權的約定，未訂定書面而拒絕協同辦理登記，有無理由？倘若甲與乙遵照期限登記地上權在案，15 年過後，如尚未辦理地上權塗銷登記前，甲繼續利用土地，對外提供停車服務，此時地上權的效力如何？假設該建築停車場所需之土地，跨越乙所有之 A、B 與 C 三筆土地，甲與乙間可否就該三筆土地合一設定一個地上權？試分別加以論述。

👆 本例題涉及不動產設定與喪失，即一物一權主義。

一、乙以辦理地上權的約定未經登記而拒絕，並無理由

(一) 按「約定設定地上權」與「地上權之設定行為」為不同的法律行為。前者指「債權契約」（負擔行為），係使債權契約之雙方當事人發生協同辦理地上權登記的義務；後者為「物權契約」，係直接發生設定地上權的效力，二者並不相同。

(二) 就「約定設定地上權」部分，此係為不動產債權行為，然民法就不動產債權行為並無「應書面為之」的要式規定，蓋民法第 166 條之 1 迄今尚未公布施行日，亦即尚未施行，故「約定設定地上權」係不要式行為，則雙方當事人合意即發生效力。而「地上權之設定行為」部分，此係為不動產物權行為，依民法第 758 條第 1 項、第 2 項之規定，應以書面為之，並經登記始生效力，故屬要式行為。

(三) 本題，甲、乙於民國 100 年 2 月 1 日約定設定 A 地的地上權，該債權契約不以「要式」為限，縱令「口頭」約定，即生效力，故乙負

有依約定與甲協同辦理地上權登記的義務，乙自不得以「約定設定地上權」未訂定書面為由而拒絕，乙的拒絕為無理由。

二、地上權期間屆滿而甲繼續利用土地的效力

㈠ 地上權存續期間屆滿後，地上權人繼續使用土地，能否有民法第451條默示更新的適用，有不同之見解：

1. 肯定說

依土地法第102條規定：「租用基地建築房屋，應由出租人與承租人於契約訂立後二個月內，聲請該管直轄市或縣（市）地政機關為地上權之登記。」是舉重以明輕，於設定地上權，則關於租賃的規定，當然有其適用。如出租人於租期屆滿後，不反對續租，仍向承租人收取租金，依民法第451條規定，應視為不定期限繼續契約，在設定地上權後，其地上權亦應視為不定期限。

2. 否定說

法律關係定有存續期間者，於期間屆滿時消滅，期滿後除法律有更新規定，發生不定期限外，不當然發生更新的效果。地上權並無如民法第451條的規定，其期限屆滿後，自不生當然變更為不定期的效果，因而應解為定有存續期間之地上權，於限期屆滿時，地上權當然消滅。

㈡ 惟肯定說係立於土地法第102條的規定，應限於「租用基地建築房屋」的情況下，應非適用於一般地上權而利用土地之情形，是應採行否定說為當。故本題甲與乙遵照約定，登記地上權的期限為15年，則期限屆滿後，在尚未辦理地上權塗銷登記之前，甲仍繼續利用土地，對外提供停車服務，此時地上權的效力，應不發生民法第451條默示更新的效力。換言之，甲的地上權不因繼續使用土地而發生默示更新，該地上權應於期限屆滿時即歸消滅。

三、甲乙得否就 A、B 及 C 等三筆土地合一設定一個地上權？

㈠ 按一物一權主義，係指一物僅能成立一個所有權，物之一部分不能

單獨成立一個物權；而物權的計算以一物為單位，且物的成分不得
成為物的客體，數個物亦不能成立一物權，其目的為使物權之支配
得以確定，以便公示而維護交易安全。

(三) 本題，甲、乙若欲就 A、B 及 C 等三筆土地合一設定一個地上權，
將違反一物一權主義，故甲、乙僅得就 A、B 及 C 三筆土地，各別
設定地上權，不得將該三筆土地合一設定一個地上權。至於甲、乙
固得就 A、B、C 三筆土地的地上權設定為一次向地政機關提出設
定登記之申請，然登記完成仍係在 A、B、C 三筆土地分別設立三
個地上權，不因一次提出申請即係一個地上權。

例題 6-5

某甲擁有下列財產：㈠出租給某乙的房屋一棟及其基地；㈡古
文物二件，其中一件借給博物館展出，另一件放在古董店寄賣；
㈢在保養廠保養的名貴跑車一部。
某甲現決定移民出國要變賣這些財產：㈠某乙決定購買某甲的
上述房屋及其基地。㈡古董店老板某丙要買下某甲的二件古
物。㈢保養廠老板某丁要買這部跑車，但某甲想繼續使用到出
國前不想現在就賣，某丁唯恐被他人以高價搶走，說服某甲馬
上就到監理所辦理過戶，願意讓某甲免費使用到出國時，某甲
同意依某丁的建議出售。
請問某乙、某丙、某丁如何取得各該財產的所有權？

☝ 本例題涉及不動產及動產所有權的取得。

一、某乙的部分

(一) 民法第 758 條第 1 項及第 2 項規定：「不動產物權，依法律行為而
取得、設定、喪失及變更者，非經登記，不生效力」、「前項行為，
應以書面為之。」是以法律行為取得不動產所有權，須有處分權人

為不動產所有權移轉的意思合意，並需訂立書面及完成所有權移轉登記。

㈡ 本題，乙欲購買甲所有的房屋及基地，除與甲有讓與合意並以書面為之外，另須與甲完成該房地的所有權移轉登記，乙始得房屋及基地的所有權。至於交付，則非不動產物權變更的要件，與是否取得不動產所有權無涉。

二、某丙部分

㈠ 按動產物權依法律行為而變動者，須當事人間有動產物權變動的意思合意，以及交付的行為，始能發生效力。依民法第 761 條規定動產物權交付的方式，一為現實交付，另一為觀念交付，前者指動產占有（直接管領力）的現實移轉；後者則非真正的交付，乃動產占有在觀念上的移轉，此為法律顧及特殊情形下，交易便捷需要而採取的變通方法，而依民法第 761 條第 1 項但書與第 2 項、第 3 項的規定，觀念交付又可分為三種情形：簡易交付、占有改定及指示交付。

㈡ 本題，丙欲取得甲的二古文物，除需與甲有讓與合意外，尚需完成「交付」，丙始可取得所有權。則：

1. 甲出借博物館的一古文物，甲為該古文物的間接占有人，博物館則為直接占有人，甲基於借貸契約，對博物館有得請求返還的請求權。則丙若欲取得該古文物的所有權，應依民法第 761 條第 3 項規定，由甲讓與其對博物館的返還請求權予丙以代交付。此時縱該古文物為博物館現實占有中，丙仍取得所有權，即係所謂的「指示交付」。

2. 就另甲寄賣於古董店的一古文物，則甲為該古文物的間接占有人，古董店老板為直接占有人。而因丙即為寄賣的古董店老板，該古文物已在丙的現實占有中，則丙若欲取得該古文物的所有權，應依民法第 761 條第 1 項但書規定，於甲、丙就該古文物所有權成

立讓與合意時，即生所有權移轉效力，此即「簡易交付」。

三、某丁部分

㈠ 按監理所的汽車登記行為，僅具行政管理的行政行為，不生汽車所
有權變動的效力；而汽車係動產，其所有權變動應依民法有關「動
產物權」的規定，故本題甲、丁雖就汽車已辦妥過戶登記，仍非生
汽車所有權的變動。

㈡ 本題，甲就其所有汽車欲移轉所有權予丁，雖甲仍占有該車，依民
法第 761 條第 2 項規定，甲與丁於訂立該借貸契約，由甲成為該車
直接占有人、丁成為該車間接占有人時，丁取得該車所有權，此即
「占有改定」的交付方式。

附　錄

實力演習

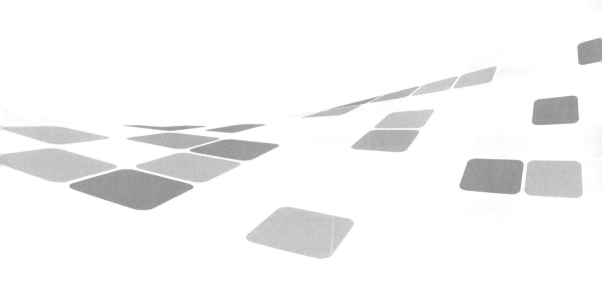

例題 1

甲為逃避其債權人之強制執行，與丙通謀以假買賣方式，將其自己所有之一筆 A 地移轉登記與丙，嗣後，丙因故死亡，其繼承人丁辦妥 A 地之繼承登記，丙以該土地為標的物向銀行融資新臺幣 500 萬元，設定抵押權與銀行作擔保，請附理由說明：

㈠丁是否因公信原則之保護，而取得 A 地之所有權？

㈡銀行是否因公信原則之保護，而取得 A 地之抵押權？

答題要點提示

㈠ 丁非因法律行為而受讓 A 地，故非屬善意受讓之地位，自應繼受甲丙間假買賣，依民法第 87 條第 1 項規定而無效，是 A 地所有權仍為甲所有。

㈡ 丙以 A 地向丁設定抵押權屬法律行為之一種，丁信賴丙為 A 地之登記所有權人，縱丁非 A 地之所有權人，對 A 地並無處分權，丁仍得基於善意第三人地位，取得 A 地之抵押權。

例題 2

甲買受人，乙出賣人，成立一臺 Toyota Wish 2.0 的分期付價買賣契約，分 36 期免息付款，並以乙保留所有權方式交付汽車，甲乙並約定，甲付清貨款時，才取得所有權。在甲付了 32 期之後，該汽車於民國 97 年 8 月 3 日遭竊，警察於民國 98 年 1 月 23 日破案找到該車，該車由丙竊得，轉賣中古車商丁，並由戊以價金 30 萬向丁買得。

㈠請說明甲乙間物權契約之進行。

㈡請問誰有權對戊請求物上請求權，而戊與物上請求權人間之法律關係如何？

答題要點提示

㈠ 依民法第 761 條規定可知，動產物權之讓與以物權之讓與合意及交付為要件，雖該車已交付甲所占有，惟甲乙間之汽車之物權移轉之讓與合意，附一停止條件，約定甲付清貨款時，始取得汽車之所有權，縱然該車已交付甲占有之事實，甲仍未取得該車之所有權。

㈡

1. 乙得依民法第 767 條第 1 項規定，請求戊返還該車，縱然戊得主張其為善意而受讓該車之人，惟依民法第 949 條第 1 項規定，該車係被盜取，乙仍得主張其所有權；然依民法第 950 條規定，應償付戊所支出之 30 萬元後，始得回復該車之所有。

2. 甲得依民法第 962 條規定，請求戊返還該車，縱然戊得主張其為善意而受讓該車之人，惟依民法第 949 條第 1 項規定，該車係被盜取，甲仍得主張其為原占有人，自得向善意受讓之現占有人戊請求返還該車，惟依民法第 950 條規定，甲應先償付戊所支出之 30 萬元，始得回復該車之占有。

例題 3

甲借用乙之名義作為甲所購買不動產之登記名義人，不料乙竟將該不動產出售知情之第三人丙並完成移轉登記。請附必要理由說明：
甲就乙與丙所為之法律行為應如何主張權利？

答題要點提示

甲得依民法第 767 條第 1 項規定，請求丙返還該不動產，而甲將不動產登記於乙之名下為丙所明知，故丙為惡意之人，自不得依民法第 759

條之 1 主張善意受讓。

例題 4

甲出售一筆 50 坪土地於乙，約定價金付清時，辦理所有權移轉登記。價金支付一半時，甲即將土地交付乙，惟因該地約有 5 坪在買賣契約成立之前即被丙所無權占有，乙發現其事，遂拒絕支付其餘價金。嗣甲死亡，由其繼承人 A 辦妥繼承登記。試問於乙之所有權移轉登記請求權消滅時效完成後：

㈠ A 若於繼承開始後對乙承認其有所有權移轉登記請求權，A 得否訴請乙交還占有之土地？

㈡ A 若辦妥繼承登記後，將該地移轉登記於 C，C 得否訴請乙返還占有之土地？

答題要點提示

㈠ A 既明知時效完成之事實而仍為承認行為，自屬拋棄時效利益之默示意思表示，且時效完成之利益，一經拋棄，即恢復時效完成前狀態，故 A 不得訴請乙交還占有之土地。

㈡ C 由 A 處登記為該地之所有權人，自得訴請乙返還占有之土地。

例題 5

某甲因誤信某電臺股市節目的「陳老師」的建議，進場操作股市，但因時運不佳，以致慘遭「斷頭」，積欠近億元的債務。甲為了逃避債權人追討債務，乃與好友乙通謀虛偽之意思表示，將其坐落於國立中正大學旁三層樓的 A 別墅出售於乙，並已經辦妥所有權移轉登記。乙並將該 A 別墅出售於善意的戊，且已辦妥所有權移轉登記。試問，當事人之間的法律關係為何？

答題要點提示

（一）甲乙基於通謀虛偽的意思表示移轉 A 別墅，依民法第 78 條規定無效，甲仍為 A 別墅之所有權人。

（二）乙將 A 別墅無權處分與善意之戊，戊自得依民法第 759 條之 1 規定善意取得 A 別墅之所有權。

（三）甲僅得依民法第 179 條、第 184 條向乙請求損害賠償。

索　引

參考書目

王澤鑑，《民法總則》，王慕華發行，2008 年 10 月修訂版。

王澤鑑，《民法物權》，王慕華發行，2009 年 7 月。

李淑明，《民法物權》，元照出版社，2009 年 3 月四版。

林洲富，《民法物權：案例式》，五南書局，2009 年 7 月二版。

施啟揚，《民法總則》，作者自版，2009 年 8 月八版。

郭振恭，《民法》，三民書局，2009 年 10 月修訂六版。

陳聰富，《民法概要》，元照出版社，2009 年 2 月四版。

黃承啟，《民法案例研習》，元照出版社，2009 年 9 月四版。

詹森林等，《民法概要》，五南書局，2009 年 8 月七版。

劉昭辰，《民法總則實例研習》，三民書局，2009 年 2 月初版。

鄭玉波，《民法物權》，三民書局，2009 年 10 月修訂十六版。

謝在全，《民法物權論（上）》，作者自版，2009 年 6 月增訂四版。

謝在全，《民法物權論（中）》，作者自版，2009 年 6 月增訂四版。

謝在全，《民法物權論（下）》，作者自版，2009 年 6 月增訂四版。

謝哲勝，《民法物權》，三民書局，2009 年 8 月增訂二版。

法學啟蒙叢書
——帶領您認識重要法學概念之全貌

　　在學習法律的過程中，常常因為對基本觀念似懂非懂，且忽略了法學思維的邏輯性，進而影響往後的學習。本叢書跳脫傳統法學教科書的撰寫模式，將各法領域中重要的概念，以一主題即一專書的方式呈現。希望透過淺顯易懂的說明及例題的練習與解析，幫助初學者或一般大眾理解抽象的法學觀念。

　　最新出版：

> **民法系列**
> ・物權基本原則　　　　　　　　陳月端／著
> ・論共有　　　　　　　　　　　溫豐文／著
> ・保　證　　　　　　　　　　　林廷機／著
> ・法律行為　　　　　　　　　　陳榮傳／著
> ・民法上權利之行使　　　　　　林克敬／著
>
> **刑法系列**
> ・刑法構成要件解析　　　　　　柯耀程／著
>
> **行政法系列**
> ・行政命令　　　　　　　　　　黃舒芃／著
> ・地方自治法　　　　　　　　　蔡秀卿／著
> ・行政罰法釋義與運用解說　　　蔡志方／著

本系列叢書陸續出版中……

法學啟蒙叢書

◎ 不當得利　楊芳賢／著

　　本書涉及民法上不當得利的規定，架構上，主要區分不當得利之構成要件與法律效果。本書，首先為教學性質之說明，於各章節開始處，以相關實例問題作引導，簡介該章節之法律概念，儘量以實務及學說上之見解詳做解析；其次，則進入進階部分，即最高法院相關判決之歸納、整理、分析與評論；最末，簡要總結相關說明。期能藉由本書之出版，讓欲學習不當得利規定及從事相關實務工作之讀者，更易掌握學習與運用法律規定之鑰。

◎ 民法上權利之行使　林克敬／著

　　本書專門討論權利之行使與義務之履行。內容不僅介紹民法中之各種權利，而且也探討如何行使權利，才不會超過權利應有的界限。司法實務上最容易產生的民法爭議主要集中於權利界限模糊的問題，本書特別論述民法的「誠實信用原則」（民法的帝王條款）與「禁止權利濫用原則」對於處理權利界限模糊所具有的特殊功能，並探討以上兩原則對於人民如何守法、國會如何立法及法院如何進行司法審判所具有之深遠影響。

◎ 刑法構成要件解析　柯耀程／著

　　本書的內容，先從構成要件的形象，以及構成要件的指導觀念，作入門式的介紹，再對構成要件所對應的具體行為事實作剖析，進而介紹構成要件在刑法體系中的定位，並就其形成的結構，以及犯罪類型作介紹。本書在各部詮釋的開頭，採取案例引導的詮釋方式，並在論述後，對於案例作一番檢討，以使學習者，能有一個較為完整的概念。期待本書能成為一個對於構成要件的理解較為順手的工具。